100 Schnelle Relax Ideen

Anja Ellermann

100 schnelle Relax Ideen

Entspannungstricks

von A bis Z

vgs

Die Informationen und Anleitungen in diesem Buch sind von Autorin und Verlag nach bestem Wissen und Gewissen sorgfältig erwogen und geprüft, stellen aber keinen Ersatz für eine medizinische Betreuung jeglicher Art dar. Autorin und Verlag übernehmen keinerlei Haftung für etwaige Personen- oder Sachschäden, die sich aus dem Gebrauch oder Missbrauch der in diesem Buch vorgestellten Tipps und Informationen ergeben.

Die Deutsche Bibliothek – CIP-Einheitsaufnahme
Ellermann, Anja:
100 schnelle Relax Ideen : Entspannungstricks von A bis Z / Anja Ellermann. - Köln : vgs, 2001
ISBN 3-8025-1471-8

Umschlagfoto: Zefa, Düsseldorf
Umschlaggestaltung: Sens, Köln
Redaktion: Alexandra Panz
Lektorat: Birgit Herren
Produktion: Angelika Rekowski
Gestaltung und Satz: Magdalene Krumbeck, Wuppertal
Illustrationen: Magdalene Krumbeck, Wuppertal
Druck: Druck- und Verlagshaus Erfurt, Erfurt
Printed in Germany
ISBN 3-8025-1471-8

Besuchen Sie uns unter: www.vgs.de

Inhalt

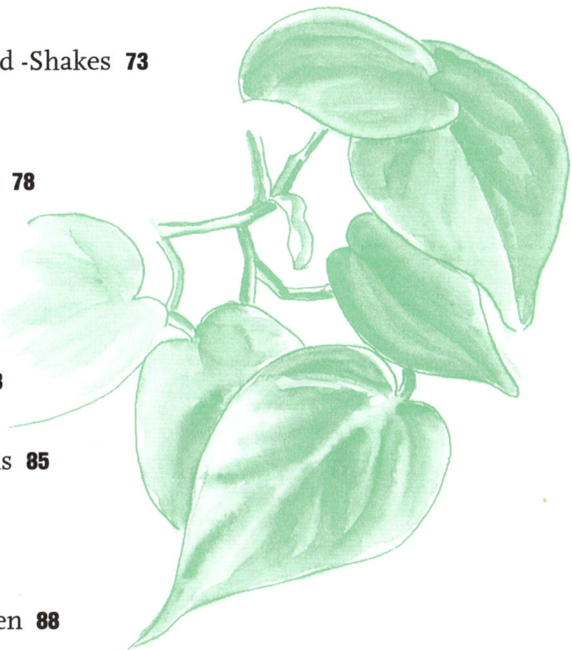

Vorwort

„Heute will ich mal relaxen!"

Wenn wir das sagen, wollen wir es uns einfach mal gutgehen lassen. Das Wort relax kommt aus dem Englischen und hat viele Bedeutungen, so z.B. etwas lockern oder lösen, auch aufhören etwas zu tun, sich erlösen von Spannungen und Anforderungen, natürlich auch sich ausruhen. Kurz: Weniger ist mehr. Das hört sich ja schon mal gut an!
Loslassen sollen wir, um zu relaxen, o.k.. Aber an was halten wir denn eigentlich so verzweifelt fest? Warum übertreiben wir so oft? Wieso die Zähne zusammenbeißen, warten, bis unser ganzer Körper verspannt ist, und dann bis zur Erschöpfung weitermachen? Weil wir nicht als faul und nutzlos gelten wollen? Also, die Meinung anderer zählt mehr als unser eigenes Wohlbefinden, macht uns Druck und Stress.
In einem Geschäft fragte mich einmal eine Bedienung, ob ich nur am Wochenende arbeiten würde, denn dann sähe sie mich immer in den News. Sofort habe ich ihr all meine anderen Tätigkeiten aufgezählt – Hörfunk, Sprecherjobs, Business-Fernsehen, Bücher, an denen ich schreibe. Doch nicht in erster Linie, um ihr deutlich zu machen, dass mir diese Jobs genauso wichtig sind wie die News-Moderation, sondern um klarzustellen: „Ich liege werktags doch nicht auf der faulen Haut!". Ich habe mich heftig verteidigt, denn ich fühlte mich durch eine neutrale Frage angegriffen. Vollkommen zu Unrecht. Ich liebe meine Arbeit – naja, meistens –, aber wie gern würde ich mal sagen: „Ja, momentan

arbeite ich nur an zwei Tagen in der Woche, die restliche Zeit habe ich für mich – zum Relaxen!" Das wäre furchtbar uncool – aber ich bin sicher, ich wäre glücklich dabei und würde in meiner Freizeit Kraft für lauter tolle Projekte sammeln. Hand aufs Herz – denken Sie nicht genauso? Na bitte! Das zeigt doch, wie nötig wir stressfreie Zeit haben.

Leider können wir uns den Luxus von so viel freier Zeit gar nicht leisten. Also müssen wir lernen, uns in unserer kargen Freizeit und während der Arbeitszeit zu entspannen, immer mal zwischendurch. Und zwar so, dass es in unser persönliches Leben passt. Relaxing hat etwas mit Individualismus, mit dem eigenen Weg zu tun.

Individualismus ist schon chic, wenn man damit erfolgreich ist. Nur, um das zu erreichen, muss man ihn vorher erst einmal ausleben. Und genau damit eckt man in der heutigen Gesellschaft an; es gibt nämlich klare Vorgaben für Individualismus, wenn er gefällig sein soll. Also wieder der gesellschaftliche Druck – genau von dem müssen wir uns lösen. Und stattdessen an uns glauben, an das, was uns persönlich guttut, was uns gefällt. Dann haben wir auch weniger Stress.

Achtung: Stress-Symptome!

Unter Stress leiden wir alle mehr oder weniger. Das Schlimme ist, dass wir uns daran gewöhnen und deswegen auch nicht wirklich etwas dagegen tun. Vor Freunden oder Arbeitskollegen geben wir unsere Überbelastung äußerst ungern zu, denn sonst heißt es ja schnell, wir wären nicht belastbar und damit in unserer heutigen Zeit nicht wirklich gesellschaftsfähig.

Doch zu viel Stress hat mit Unbelastbarkeit oder Schwäche nichts zu tun. Das muss man erkennen! Manche Freunde, die

von meinem Vorhaben, ein Buch zum Thema „Relaxen" zu schreiben, erfuhren, reagierten darauf mit einem Schmunzeln und den folgenden Worten: „Na, das schreibt ja die Richtige!" Und damit hatten sie auch Recht, denn während ich dieses Buch schrieb, wurden mir meine eigenen Belastungen erst so richtig bewusst – obwohl mir relaxen eigentlich schon immer sehr wichtig war. Doch bereits beim Schreiben der folgenden 100 Tipps ist mein Leben stressfreier geworden, denn ich habe einfach meine Lieblingstipps in meinen Alltag eingebaut, habe viel ausprobiert und bin jetzt richtig relaxfähig. Ich hoffe, es geht Ihnen beim Lesen genauso!
Zuerst einmal ist es wichtig zu erkennen, wie nötig und wie wichtig für Sie persönlich das Relaxen ist.

Deshalb hier eine Checkliste von Stress-Symptomen:

- Aggressivität
- Anfälligkeit für Erkältungskrankheiten
- Angstzustände
- Appetitlosigkeit
- Durchfall
- Erschöpfung
- Hautunreinheiten
- Heißhunger
- Herzklopfen
- Juckreiz
- Kopfschmerzen
- Kreislaufstörungen
- Magenprobleme
- mangelnde Konzentrationsfähigkeit
- Müdigkeit
- Mundtrockenheit

- Nackenschmerzen
- nervöse Flecken
- nervöses oder hysterisches Lachen
- allgemeine Nervosität
- Rückenschmerzen
- Schlafstörungen
- Schweißausbrüche
- ständiger Harndrang
- Ungeduld
- Verlust von Lebensfreude
- Verspannungen

Leiden Sie unter mehr als fünf dieser Zustände, dann stimmt etwas nicht. Sie belasten Ihre Gesundheit, denn Sie stehen unter „Dauerstress“.

Entdecken Sie unter den folgenden Punkten vielleicht die Ursache?

- belastende Partnerschaft
- berufliche Überlastung, Über- oder Unterforderung
- Existenzängste
- finanzielle Sorgen
- permanente Unzufriedenheit
- Schlafmangel
- ständiger Lärm
- Übermaß an Alkohol, Zigaretten, Medikamenten, Drogen
- Umweltbelastungen
- Ziellosigkeit

Einige der erwähnten Punkte lassen sich relativ leicht angehen, andere sind – zugegeben – weniger leicht zu ändern.

Selbst wenn Sie wissen, dass Ihnen beispielsweise das Rauchen nicht gut tut, bedeutet, damit aufzuhören, zuerst einmal zusätzlicher Stress, und die Belohnung folgt erst viel später. Stecken Sie also nicht gleich den Kopf in den Sand! Fangen Sie mit kleinen Veränderungen an, konzentrieren Sie sich auf sich selbst. Wenn Sie merken, wie gut Ihnen schon kleine Ruhepausen tun, werden Sie auch Kraft für größere Schritte finden, die zu Ihrem Wohl sind. Dieses Buch soll Ihnen dabei helfen.

Einer der besten Wege, Stress zu reduzieren, ist: Einfach positiv denken! Klugen Köpfen ist zu diesem Thema eine Menge eingefallen. Die Zitate von Philosophen, Wissenschaftlern, Künstlern und Humoristen in diesem Buch können Ihnen helfen, das Leben etwas leichter zu nehmen. Deswegen gibt es zwischendurch immer wieder Tipps. Der erste gleich jetzt:

Meine Lebensphilosophie ist äußerst simpel:
Fülle, was leer ist, leere, was voll ist, kratze, wo es sticht.

Alice Roosevelt-Longworth

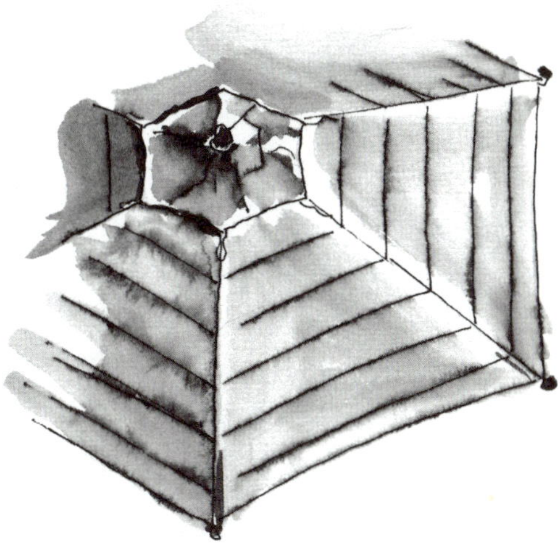

Relaxtipps von A bis Z

1 Abwechslung

Denken Sie, je eingespielter und routinierter Ihr Leben ist, desto stressfreier leben Sie? Da liegen Sie falsch! Routine kann auch belasten, denn möglicherweise sind Sie auf allen Ebenen unterfordert. Selbst liebgewonnene Aufgaben können so irgendwann zu einer Belastung werden, und das bedeutet Stress. Genau dasselbe gilt für Ihr Privatleben. Ich meine jetzt nicht unbedingt, dass Sie sich öfters mal einen neuen Partner oder neue Freunde suchen sollen, aber wenn Sie immer nur mit denselben Leuten auf demselben Sofa sitzen und fernsehen, wird das irgendwann öde.

> ***Das menschliche Hirn reagiert auf***
> ***eine neue Idee erst mal genauso***
> ***wie der Körper auf ein fremdes Protein – abstoßend.***
> **P.B. Medawar (Biologe)**

Peppen Sie Ihr Privatleben auf. Besuchen Sie mal neue Restaurants, andere Kneipen oder shoppen Sie in neuen Läden, verändern Sie Ihren Kleiderstil! Wie wär's mit einem roten Pulli anstelle des üblichen schwarzen. Oder tragen Sie doch mal wieder Rock! Tauschen Sie Ihr Flanell-Nachthemd gegen ein weniger sackiges aus. Kleine Veränderungen können mitunter große Wirkungen erzielen.
Aber am wichtigsten ist: Lernen Sie hin und wieder neue Menschen kennen. Auch wenn Sie mit Ihrem Freundeskreis

zufrieden sind – unter 30 Partygästen mag ein ungeheuer interessanter Mensch sein, der zu einer großen Bereicherung für Ihr Leben werden kann. Jeder braucht neue Impulse, um sich selbst verändern zu können. Also, nur zu!

2 Akupressur

Stress können Sie ganz einfach wegdrücken: mit Akupressur. Ähnlich wie bei der Akupunktur werden dabei Energiepunkte durch Fingerdruck aktiviert. Diese Therapieform kann dort angewandt werden, wo sich keine Akupunkturnadeln setzen lassen. Man kann sie, im Gegensatz zur Akupunktur, leicht selbst anwenden. Ihre Relaxpunkte müssen fest und dauerhaft, am besten mit dem Daumen, gedrückt werden – nur so kann die Energie richtig fließen. Merken Sie sich für Stresssituationen folgende drei Relax-Körperstellen:

- Drücken Sie den Punkt zwischen der zweiten und dritten Querfalte am äußeren Handgelenk unterhalb des kleinen Fingers. Dort fühlen Sie eine kleine Kuhle.
- Oder auch den Punkt unterhalb des Handgelenks auf der dritten Querfalte in der Mitte. Halten Sie auch diese Stelle mit dem Daumen fest gedrückt.
- Die Kinnspitze, also die Mitte Ihres Kinns, ist ein ebenso effektiver Akupressurpunkt bei Stress. Massieren Sie diesen Punkt mit Ihrem Zeigefinger durch leicht kreisende Bewegungen.

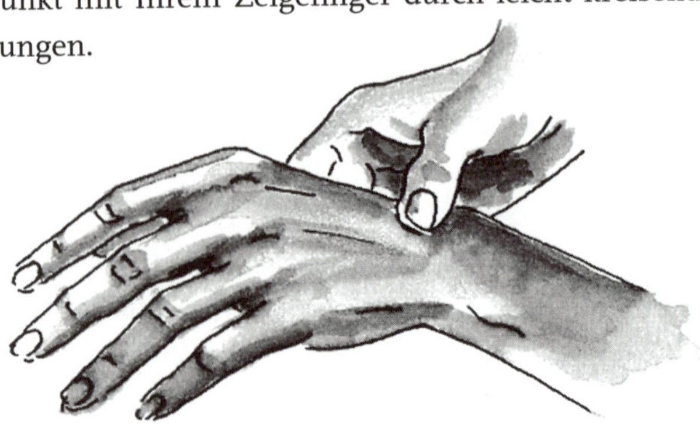

3 Akupunktur

Bei der Akupunktur handelt es sich um eine äußerst schnell wirkende Heilmethode. Alles, was Sie dazu brauchen, ist ein guter Arzt, der sich auf diesem Gebiet wirklich auskennt. Wenn Sie Ihren Arzt des Vertrauens gefunden haben, dann sind Sie akute Beschwerden oft nach 1/2 Stunde Akupunktur los. Die Behandlung richtet sich nach Ihrer Tagesverfassung. In der Zeit, in der die Nadeln Ihren Energiefluss aktivieren, relaxen Sie automatisch. Unruhe oder Kopfschmerzen sind anschließend wie weggeblasen.
Ich selbst besuche regelmäßig eine chinesische Ärztin und lege mir meine Akupunktur-Behandlungen immer um besonders belastende Tage herum; dann kann mir auch der größte Stress nichts anhaben.
Positiver Nebeneffekt: Nach der Akupunktur sieht man besonders strahlend und frisch aus. Wer eine stressige und belastende Zeit schon im Voraus absieht, der kann sich auf bestimmte Beruhigungspunkte im Ohr kleine Kügelchen kleben lassen. Die stehen Ihnen ein paar Tage bei. Geht's besonders hoch her, brauchen Sie die Punkte nur durch festes Drücken zu aktivieren; das ist unauffällig und effektiv.

4 Alkohol

> ***Es kommt der Moment im Leben einer jeden Frau, in dem nur noch ein Glas Champagner helfen kann.***
> **Bette Davis in dem Film „Old Acquaintance" (1943)**

Viele Menschen trinken Alkohol, um zu relaxen. Sicherlich hilft ein Glas Champagner oder Rotwein dabei, ein schönes Abendessen erst rund zu machen. Aber wer glaubt, mit Alkohol in großen Mengen könne man Stress einfach wegtrinken, der hat meist schon am nächsten Morgen die Quittung in Form eines Katers. Regelmäßiger Alkoholkonsum kann zu Leberzirrhose, Hirnschäden, Gastritis und Herzkrankheiten führen, außerdem nimmt man durch Alkoholgenuss zu. Also: Finger weg von zuviel Alkohol!

5 Aquarium

Für nervenkranke oder angespannte Menschen gibt es nichts Beruhigenderes und Entspannenderes als das Betrachten eines Aquariums. Die langsam gleitenden Bewegungen der Fische, das Wasserplätschern und die Lichtreflexe haben eine besonders wohltuende Wirkung aufs Gemüt.
Wenn Sie sich Ihr eigenes Aquarium anschaffen, können Sie von diesem Relax-Effekt permanent profitieren. Nur das Füttern sollten Sie nicht vergessen, sonst werden Sie plötzlich mit Ihren kleinen Lieblingen in Rückenlage an der Wasseroberfläche konfrontiert – und das gibt wieder Stress. Ein Goldfischglas ist weniger pflegeintensiv, denn Goldfische sind widerstandsfähiger als ihre tropischen Artgenossen. Noch pflegeleichter sind Fische als Bildschirmschoner auf dem Computer.

6 Arbeiten ohne Stress

Planen Sie Ihre Entspannung bewusst ein und halten Sie sich den Rücken frei, wann immer Sie können. So beugen Sie Stress vor. Lassen Sie im Büro einfach nicht zu, dass Sie jeder anruft und hereinplatzt. Bitten Sie Kollegen, unwichtige oder weniger dringliche Gespräche abzufangen. Setzen Sie Prioritäten, dann erledigen Sie die wichtigen Aufgaben ganz relaxt. Das geht aber nur dann gut, wenn man sich für die Kollegen oder den Partner im Gegenzug ebenfalls Zeit nimmt. So kann man mit den Kollegen, die einen abschirmen, oder mit dem Partner und den Kindern eine störungsfreie Zeit abmachen, z.B.: „Bis 17 Uhr bin ich beschäftigt, aber dann ist die Arbeit abgehakt und ich bin wieder ansprechbar." Sie können jedoch nicht erwarten, dass Mitmenschen Ihre jeweiligen Ruhebedürfnisse erraten. Ihre Arbeitskollegin kann genauso wenig wie Ihr Partner wissen, dass Sie jetzt nicht mit Ihrer Schwiegermutter telefonieren wollen.

In einem Interview auf der Buchmesse schilderte mir Elke Heidenreich ihre Arbeitsweise: Wenn sie schreibt, stellt sie Klingel und Telefon ab, ihren Anrufbeantworter hört sie erst am Abend ab, nur die Katze darf zu ihr ins Zimmer – alles andere stört. So kann sie wunderbar arbeiten – und vor allen Dingen sehr effektiv.

7 Aromatherapie

Bei der Aromatherapie werden die Heilkräfte beim Einatmen über die Nervenstränge in der Nase direkt ans Gehirn weitergegeben. Das Beste von Blüten, Kräutern und Gewürzen steckt in ätherischen Ölen. Das macht sich die Aromatherapie zu Nutze, um den Körper ins Gleichgewicht zu bringen, also zu beruhigen. Die Öle wirken ganzheitlich: Aromastoffe liefern ein schnelles Wohlgefühl und stoßen einen allgemeinen Heilungsprozess an.

Das passiert z.B., wenn man fünf Tropfen mit etwa 1/2 Tasse Wasser in einer Duftlampe verdampfen lässt. Zunächst sollte das Wasser in dem dafür vorgesehenen kleinen Schälchen über einer Kerze erwärmt werden, dann erst das ätherische Öl hinzugeben. Bitte vergessen Sie nicht, Wasser nachzufüllen, sonst pappt das Öl an.

Die Inhalation von ätherischen Substanzen ist bei Erkältungen und Hautproblemen sehr effektiv. Entzündungen beruhigen sich und klingen schneller ab. Auf 1/2 l kochend heißes Wasser kommen vom ausgewählten Öl 2-4 Tropfen. Dosieren Sie auf keinen Fall höher, denn sonst können Reizungen entstehen. Mit einem Handtuch über dem Kopf sollten Sie die Dämpfe 10 Minuten lang inhalieren. Hitzeempfindliche werden in den ersten Minuten leiden, aber das Durchhalten macht sich bezahlt. Geeignete Öle zum Inhalieren sind Kamille- und Eukalyptusöl.

Ätherische Öle können aber auch direkt dort angewandt werden, wo es „brennt“ (siehe auch =>Baden, =>Massage).

Achtung: Benutzen Sie ausschließlich reine Öle, auf dem Etikett sollten keine Zusatzstoffe aufgeführt sein. Bevor Sie mit der Selbstbehandlung beginnen, sollten Sie bei sich einen Allergietest durchführen. Träufeln Sie etwas von dem Öl in verdünnter Form auf den Arm; wenn Sie innerhalb von vierundzwanzig Stunden eine allergische Reaktion (Juckreiz oder Ausschläge an der betreffenden Stelle) bemerken, benutzen Sie diese Substanz bitte nicht. Schlucken oder unverdünnt auftragen sollten Sie ätherische Öle nie ohne den ausdrücklichen Rat eines Therapeuten. Einige Substanzen können innerlich eingenommen oder in hoch konzentrierter Form giftig sein.

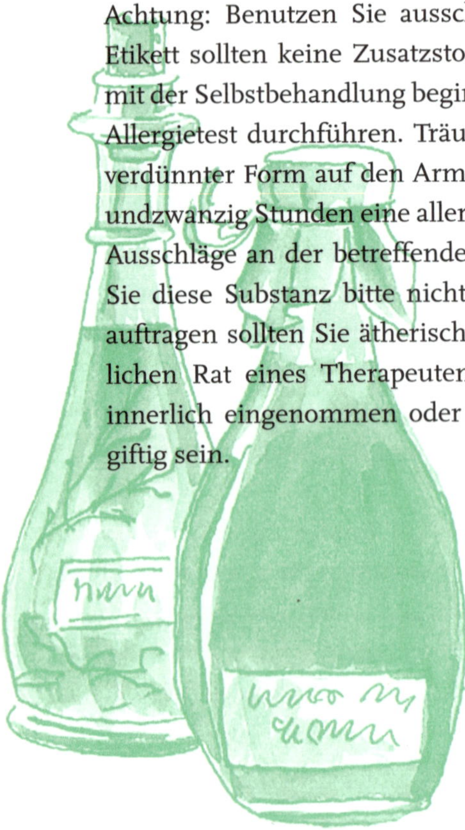

Relaxöl	***Wirkung***
Fenchelöl	▪ gut für die Verdauungsorgane und die Harnproduktion, Gifte werden schneller ausgeschieden, hilft bei Ekzemen und Hautunreinheiten. ▪ motiviert, aktiviert und macht zufrieden. ▪ für Massageöle und Badezusätze geeignet.
Kamillenöl	▪ beruhigt die Haut. ▪ unterstützt die Harntätigkeit und beruhigt die Nerven. ▪ zum Inhalieren, für Massageöle, Badezusätze und Duftlampen geeignet.
Melissenöl	▪ ausgleichende Wirkung aufs Gemüt. ▪ konzentrationsstärkend. ▪ siehe =>Melisse.

8 Atemtherapie

Frische Luft tut gut, gibt Kraft und beruhigt. Sauerstoff ist lebenswichtig für uns, doch wir nutzen unsere Lungenkapazität meist nicht voll aus. Die meisten von uns wissen gar nicht, wie man richtig atmet! Richtiges Atmen relaxt – mit der folgenden Übung kann man ganz langsam richtiges Atmen lernen, sie ist gleichzeitig eine Entspannungsübung, die man jederzeit ausführen kann:

Setzen Sie sich gerade, aber bequem hin und legen Sie beide Hände auf den Bauch, so dass sich die Fingerspitzen berühren. Atmen Sie dann durch die Nase ein, dabei sollten Sie bis vier zählen. Während des Atmens sollte sich Ihr Bauch nach vorn wölben, so dass sich die Fingerspitzen beider Hände voneinander entfernen. Halten Sie den Atem an und zählen Sie dabei wiederum bis vier. Anschließend ausatmen, diesmal durch den Mund, ganz langsam – zählen Sie dabei bis acht. Wiederholen Sie diese Übung mindestens zehnmal, danach werden Sie sich, auch wenn Ihnen dieses Atmen noch sehr fremd vorkommt, schon sehr entspannt und regelrecht zentriert fühlen. Die Übung ist auch eine prima Einschlafübung, viel effektiver als Schäfchenzählen.

9 Ausruhen

> ***Freie Tage!***
> **Schauspieler Spencer Tracy auf die Frage, worauf er bei einem Skript achtet**

Wir leben nun mal in einer Welt, die besondere Leistungen prämiert und Überstunden einfordert. In England verzichten viele auf ihre Mittagspause, um im Job zu bleiben, und in Japan nehmen viele Angestellte noch nicht einmal den Urlaub, der ihnen zusteht. Die Angst, die Arbeitsstelle zu verlieren, an jemanden, der noch fanatischeren Einsatz zeigt, wird immer größer. Eine ungesunde Entwicklung, gegen die man sich wehren sollte.

> ***Harte Arbeit hat noch niemanden getötet, aber warum sollte man das Risiko eingehen?***
> **Edgar Bergen, Komiker (1960)**

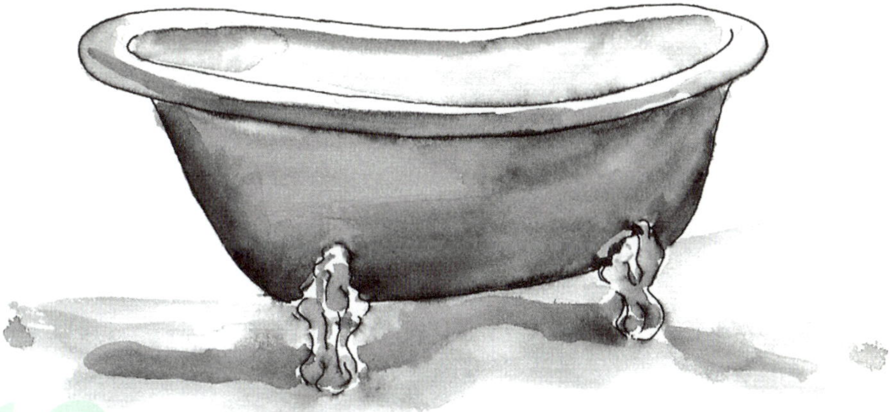

10 Baden

Egal, ob Sie nach einer Trainingsrunde im Fitnessstudio Entspannung für Muskeln und Knochen suchen, ob Sie sich nach einem Einkaufsbummel an einem kalten Wintertag aufwärmen oder ob Sie es sich einfach nur mollig und gemütlich machen wollen: Baden Sie mit Eukalyptus oder Menthol. Beide Stoffe wirken extrem muskelentspannend. Ein Wohlfühlbad mit vier Tropfen eines der ätherischen Öle wärmt Sie richtig durch. Wer sich Zeit für ein Bad nimmt, denkt nicht zuerst ans Sauberwerden. Baden heißt Nachdenken, Entspannen, Träumen und sich pflegen! Wenn Sie mögen, können Sie sich vor dem Bad noch abbürsten oder eine Gesichtsmaske auftragen. Um Sie herum sollten nicht Berge von gebrauchten Handtüchern und leeren Shampooflaschen herumliegen. Machen Sie vorher Platz, stellen Sie ein paar Kerzen auf und wählen Sie Ihren Badezusatz je nach Stimmung aus. Mal ein Schaumbad, mal ein Ölbad. Für ein entspannendes Ganzkörperbad kommen drei bis sechs Tropfen eines ätherischen Öls (siehe auch =>Vanille, =>Zimt) direkt in die mit wohltemperiertem Wasser gefüllte Wanne, anschließend mit einem Arm gut durchrühren. Dabei merken Sie auch, ob das Wasser nicht zu heiß ist. Jetzt dürfen Sie rein. In der Wanne schlagen Sie gleich zwei Fliegen mit einer Klappe. Einerseits inhalieren Sie die ätherischen Öle, gleichzeitig werden die Wirkstoffe auch über die Haut aufgenommen. Und wenn Sie Ihrer Haut etwas Gutes tun wollen, nehmen Sie ein Meersalz- oder Kamillebad.

Menschen, die kalt baden, haben selten Rheuma. Dafür aber kalte Bäder.

Anonym

11 Baldrian

Baldrian ist als regelrechtes Relaxkraut bekannt. Er wirkt beruhigend auf die Gehirnzellen und fördert den Schlaf. Auch bei leichten Depressionen hilft Baldrian; in Verbindung mit Schlaf- oder Beruhigungstabletten sollte er besser nicht eingenommen werden. 200 bis 300 mg in Tablettenform ist die Tagesdosis.

12 Blumen

Wenn du zwei Pfennige hast, kaufe mit dem einen Brot für den Körper, mit dem anderen Blumen für die Seele.

Persisches Sprichwort

Auch wenn die Preise inzwischen etwas gestiegen sind, sollten Sie häufiger die Wohnung mit Blumen schmücken. Blumen sind nicht nur schön anzusehen, ihnen werden darüber hinaus magische Kräfte nachgesagt. Der Duft von Blüten betört die Sinne, darauf baut die Parfümindustrie. Hier geht es aber nicht in erster Linie um chemische Substanzgemische im Flakon – hier geht es um frische Blumen. Dass sie wirklich frisch sind, ist ganz wichtig. Nur dann können sie ihre volle Energie abgeben. Hier einige Relax-Blumen:

■ *Lilie*

Die Lilie gilt als Symbol der Reinheit und der Unschuld.
Der Sage nach entstanden Lilien so: Herkules, der Sohn der Göttin Hera, saugte als Baby so stark an ihren Brüsten, dass diese überflossen. Ein paar Tropfen der göttlichen Milch fielen zu Boden und daraus wuchsen Lilien. Lilien sollen Ärger vermeiden können und Eifersucht, Streit sowie negative Gefühle abwenden. Sie stärken angeblich den Glauben an das Gute und vermitteln Hoffnung und Zuversicht.

Tulpe

In früheren Zeiten war nicht die Rose, sondern ein Strauß Tulpen das Zeichen der Liebe. Jetzt übernimmt die Tulpe die Rolle des Streitschlichters zwischen Freunden und Liebenden. Ein Tipp also speziell für Männer: Zur Vorbeugung immer mal einen Tulpenstrauß schenken. Sollte es trotzdem mal stressig werden, hilft garantiert ein Rosenstrauß.

Jasmin

In China steht der Jasmin für Sinnlichkeit und das Weibliche. Er gilt im Allgemeinen als absolute Frauenblume, denn Jasmin fördert das feminine Selbstbewusstsein. Frauen, die sich mit Jasmin umgeben, entwickeln angeblich eine positivere Einstellung zur Sexualität und ihrem eigenen Körper – egal, ob es die Pflanze selbst ist oder ein Parfüm. Jasminöl intensiviert die Wirkung und ist am besten zur Selbstmassage zu verwenden.

13 Borretsch

Borretsch gilt als besonderes Heilkraut für die gestresste Frau. „Herzfreude" oder „Wohlgemut" wird der Borretsch auch genannt – und diese Namen versprechen nicht zuviel. Die Pflanze mit den blauen Blüten stammt aus Nordafrika, doch sie gedeiht genauso prächtig in unseren Gärten. Zu Unrecht steht sie im Schatten von Baldrian und Johanniskraut, denn Borretsch kann unser physisches und psychisches Wohlbefinden enorm aufpeppen. Er entgiftet, beruhigt und aktiviert den Stoffwechsel und ist gut fürs Herz. Schon lange ist seine wohltuende Wirkung bei PMS, Wechseljahrbeschwerden, nervöser Unruhe und Depressionen bekannt.

Borretsch gibt es in Reformhäusern als Presssaft oder als Kapsel zum Einnehmen.

Bei körperlicher und geistiger Erschöpfung hilft ein Tee:
Zwei Teelöffel der getrockneten Blüten oder auch der frischen, zerstückelten Pflanze mit 1/2 l kochendem Wasser aufgießen und ein bis zwei Minuten ziehen lassen. In Stresszeiten reichen drei Tassen pro Tag.

14 Botenstoffe

Unser Nervensystem nimmt die unterschiedlichsten Impulse auf und gibt sie weiter. Zentrale des Ganzen ist das Gehirn. Von dort wird alles gesteuert. Um die einzelnen Impulse weiterzuleiten, werden spezielle Botenstoffe (Neurotransmitter) benötigt. Zum größten Teil sind es die Hormone, die für unsere entspannte und gute Laune zuständig sind. Mit ausgewählten Nahrungsmitteln lässt sich die wohltuende Hormonproduktion fördern.

Stoff	Enthalten in	Wirkung
Tryptophan	Geflügel, Meerestiere, Milchprodukte	■ Basis für die Produktion des Glücksstoffes Serotonin
Serotonin	Kohlenhydratreiche Lebensmittel wie Vollkorn, Reis und Nudeln, Nüsse, Trockenfrüchte, Bananen und Ananas, Hülsenfrüchte, Soja- und Milchprodukte, Meerestiere, fettarmes Fleisch und Geflügel	■ fördert gute Laune ■ ermöglicht entspannten und tiefen Schlaf ■ regelt den Appetit

Noradrenalin	Eier, Tomaten, Paprika, rote Beete, Spinat, täglich ein Apfel, Ananas, Nüsse, Milchprodukte, Meerestiere, Hülsenfrüchte und mageres Fleisch	■ entspannend ■ aufbauend ■ leistungssteigernd ■ konzentrationsfördernd ■ steigert die Belastbarkeit ■ verlängert die Wirkung der Endorphine
Endorphine	Kohlenhydratreiche Lebensmittel wie Vollkornprodukte, Reis, Nudeln, Honig, Trockenfrüchte, Süßigkeiten	■ heben die Stimmung ■ stärken das Immunsystem ■ blockieren Stress ■ schmerzlindernd
Dopamin	Milch- und Vollkornprodukte, Nudeln, Reis, Fleisch, Fisch, vor allem Käse und Eier	■ stabilisiert in Stresssituationen ■ steigert Kreativität und Fantasie ■ motiviert
Acetylcholin	Bierhefe, Leber, Eier, Käse, Soja, kohlenhydratreiche Lebensmittel, Nüsse, Sesam, Haferflocken	■ steigert Leistungsfähigkeit und Gelassenheit ■ entspannt

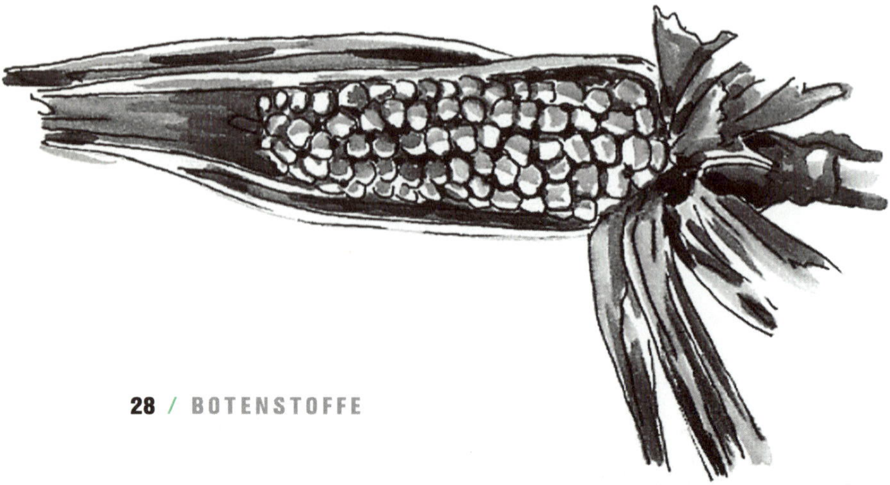

15 Comics

Alles ist komisch, so lange es anderen passiert.

Will Rogers, Schauspieler und Komiker

Kennen Sie das, dass Sie nervös und aufgewühlt sind und einfach nicht wissen, wie Sie aus dieser Angespanntheit herauskommen sollen? Für solche Situationen sollten Sie ein Comic zur Hand haben. Und zwar eines, von dem Sie wissen, dass es Sie aufheitert und nach ein paar Seiten von allem, was Sie momentan aufregt, ablenkt. Mein Favorit in turbulenten Zeiten ist Calvin. Der vorwitzige Kleine mit seinem Stofftiger hellt durch seine verrückten Ideen und Ansichten jedes noch so trübe Gemüt auf. Die Hefte sind eine wahre Fundgrube für jegliche Lebenslagen. Sie müssen nur ein bisschen herumblättern und finden ganz schnell die passende Trostgeschichte. Ab aufs Fax damit, und Sie können sicher sein, dass jeder Adressat seine helle Freude daran haben wird.

16 Delegieren

Ich versuche, mein Leben so zu regeln,
dass ich noch nicht einmal anwesend sein muss.

Woody Allan

Zugegeben, es ist nicht einfach, am Arbeitsplatz zu relaxen, erst recht nicht, wenn man eine verantwortungsvolle Position innehat. Sie sind vielleicht so ein Typ, der alles am liebsten selbst erledigt, weil Sie dann wissen, dass es wirklich gut ist? Einerseits sehr löblich, andererseits nicht ratsam, denn damit machen Sie sich das Leben unnötig stressig. Ihre Mitarbeiter haben auch Talente, vielleicht haben Sie diesen Leuten nur noch nie eine Chance gegeben. Versuchen Sie es! Delegieren Sie und fangen Sie ein ganz neues relaxtes Arbeitsleben an. Damit das auch gleich richtig funktioniert, hier ein paar Tipps:

- Geben Sie klare Anweisungen! Wenn nicht genau erklärt wird, was zu tun ist, kann die Sache nur schief gehen.
- Wenn Sie Verantwortung übergeben, dann übergeben Sie sie komplett. Machen Sie deutlich, dass Sie aber zur Betreuung der Aufgabe und für Rat gern zur Verfügung stehen.
- Gestehen Sie Mitarbeitern Freiraum zur Kreativität zu. Erwarten Sie nicht, dass andere genauso arbeiten wie Sie.
- Auch wenn Sie jetzt nicht mehr für alles zuständig sind, zeigen Sie sich interessiert und informiert, Sie müssen trotzdem auf dem neuesten Stand sein.
- Geben Sie Feedback und vor allem loben Sie, wenn die Arbeit der Kollegen gut gelungen ist. Sie haben schließlich weniger Stress und die anderen mehr Freude am Arbeiten. Sie werden Ihrer Loyalität wegen um so mehr geschätzt.

17

Denk-Relax-Übung

Wenn Sie mitten im Stress entspannen wollen, eignet sich diese Übung prima, denn alles, was Sie dafür brauchen, sind zwei bis drei Minuten Ruhe. Zur Not können Sie sich dafür einfach auf die Toilette zurückziehen.

Schon bevor Sie anfangen, sollten Sie Ihr persönliches Entspannungswort im Kopf haben – zum Beispiel Relax. Oder wenn Sie wollen auch „Hawaii“ oder „Faulenzen“. Die Hauptsache ist, dass der Begriff für Sie automatisch Entspannung bedeutet. Sagen Sie Ihr Entspannungswort im Geiste während der ganzen Übung zu sich. Atmen Sie dabei tief ein und halten Sie dann die Luft an. Jetzt spannen Sie eine Muskelpartie Ihrer Wahl an, Schultern, Rücken, Po etc. Anschließend die Spannung wieder lösen und dabei ausatmen. Achten Sie bewusst darauf, wie mit dem Ausatmen auch die Spannung von Ihnen abfällt.

18 Downshifting

Wollen Sie wirklich mal runterschalten? Wie wär's dann mit Kloster auf Zeit? Sollte Ihre Vorstellung vom Klosterleben zu sehr von Audrey Hepburns Leidensweg in dem Hollywood-Film „Die Geschichte einer Nonne" geprägt sein, dann springen Sie über Ihren Schatten und überzeugen Sie sich vom Gegenteil: Wer einmal richtig zur Ruhe kommen will, um unbeeinflusst klare Gedanken fassen zu können, der ist hinter Klostermauern sehr gut aufgehoben. Ein paar Tage reichen schon aus, um Kraft zu tanken, denn durch die Stille und die schlichte Lebensweise der Klosterbewohner kommen Sie schnell zur Selbstbesinnung. Und das tut unglaublich gut. Egal, ob Sie im Klosterbetrieb etwas mitarbeiten oder sich komplett zurückziehen wollen, Sie werden sich immer willkommen und respektiert fühlen. Auch wenn Sie ein paar Wochen bleiben wollen, wird Ihnen garantiert niemand die Haare abschneiden. Also, nur Mut!
Infos über alle Klöster, die einen Aufenthalt auf Zeit anbieten, finden Sie in einer Broschüre, die Sie im Internet unter: *vdo@orden.de* bestellen können.

19 Duftbriefe

Briefe schreiben und Briefe erhalten – beides tut gut. Ein mehrseitiges Werk zu verfassen ist viel entspannender, als eine Mail in den Computer zu tippen. Briefeschreiben kann man sich zum angenehmen Ritual gestalten: schönes dickes, vielleicht farbiges Briefpapier auswählen, dazu einen guten Füller – dann fließen die Gedanken nochmal so gut aufs Papier. Tipp: Ein romantischer Duftbrief lässt sich einfach nicht toppen. Geben Sie getrocknete Rosen- oder Lavendelblüten mit in den Umschlag – noch vor dem Adressaten freut sich darüber bereits der Postbote. Düfte per Post sind romantisch und galten zumindest früher einmal als liebesfördernd. Hier die intensivere Variante: Ein paar Tropfen Ihres Lieblingsparfüms in die Tinte geben.

20 Erste-Hilfe-Pastillen

Lampenfieber, Unfall, Hiobsbotschaften – in solchen Fällen helfen die Notfalltropfen, die *Rescue Remedy* von Edward Bach. Für alle, denen die Tropfen zu auffällig, unpraktisch oder zu lästig sind, gibt es die beruhigenden Substanzen jetzt auch in Pastillenform. Reines Schweizer Quellwasser und Schweizer Wildpflanzen werden zur Herstellung verwendet. Blütenkonzentrate von der Kirschpflaume, der weißen Waldrebe, Springkraut, Sonnenröschen und dem Doldigen Milchstern ergeben zusammen mit Johanniskrautpulver und Vanille einen angenehmen Geschmack. Da fällt es einem fast schwer, die Pastillen nur bei Bedarf langsam im Mund zergehen zu lassen.

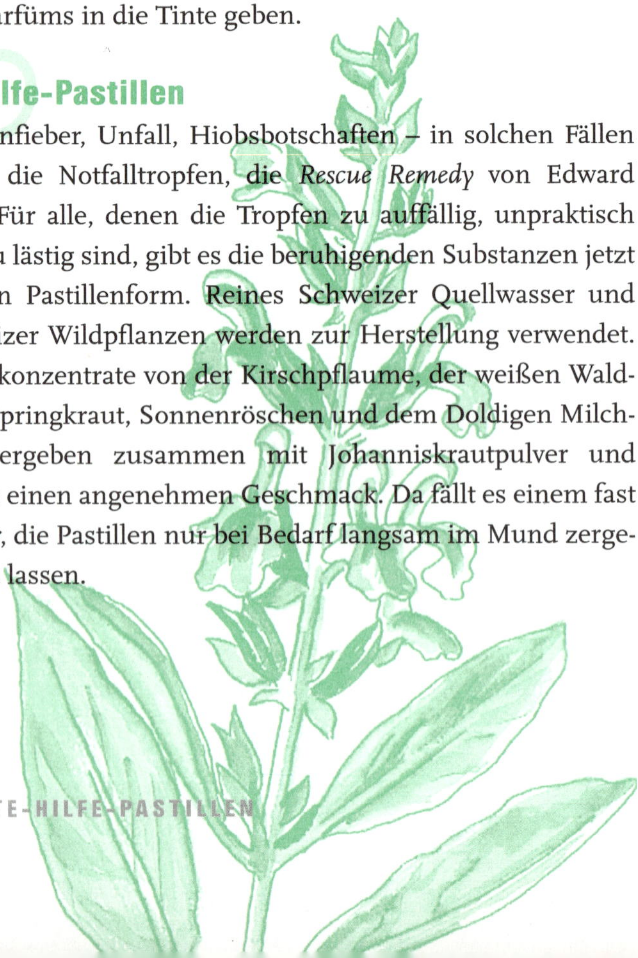

21

Extremsituationen

- ***Erstes Date oder das erste Zusammentreffen mit der Familie Ihres neuen Freundes:***

Denken Sie an eine Situation in Ihrem Leben, in der Sie sich geliebt und besonders geborgen gefühlt haben. Mit diesem Gefühl und einem Lächeln auf den Lippen haben Sie schon viel an Selbstvertrauen und Ruhe gewonnen.

- ***Bewerbungs- oder Vorstellungsgespräch:***

Klar, dass Sie sich in so einer Situation von Ihrer besten Seite zeigen wollen. Das Wichtigste ist: Bleiben Sie cool oder besser: Wirken Sie cool! Langsam sprechen ist ganz wichtig und achten Sie auch auf Ihre Wortwahl. Nervös drauflosplappern wirkt auf potenzielle Vorgesetzte immer schlecht. Merken Sie sich einfach Ihre wichtigsten Punkte und formulieren Sie vorher in Gedanken ein paar klare kurze Sätze dazu. Notfalls können Sie die auch aufschreiben.

- ***Reden halten:***

Nur wenige Menschen sind dazu geboren, und unter talentierten Rednern ist in den seltensten Fällen mal einer wirklich gut. Anstatt Witze zu erzählen, über die keiner lacht, probieren Sie es mit persönlichen Erfahrungen, egal ob gute und oder schlechte – geben Sie etwas von sich preis. Sie vermitteln so ein offenes und ehrliches Bild. Das macht Sie interessant und sympathisch. Sie werden merken: Während Sie eine Anekdote erzählen, werden Sie sich von Ihrem vorgefertigten Text lösen und immer gelassener werden. Üben Sie die Rede vor einer Person, die Ihnen wohlgesonnen ist. Halten Sie sich, wenn es eben geht, schon vor Ihrem Auftritt in den Räumlichkeiten auf, um sich einzugewöhnen. Auf eventuelle

Fragen sollten Sie gut vorbereitet sein. Ihre Unterlagen sollten wohl strukturiert und gut lesbar sein. Mehr können Sie nicht tun – Sie sind abgesichert! Oh, doch noch etwas: Gurgeln Sie vor Ihrer Rede mit Wasser gegen das trockene Gefühl im Mund.

22 Fango

Ein Turbo-Stressblocker ist Fango. In dem Mineralschlamm wird's Ihnen richtig heiß. Trübe Gedanken verdampfen regelrecht. Von Hals bis Fuß werden Sie mit der dunkelbraunen Matsche bedeckt und in Leinentücher gehüllt, damit Sie auch lange heiß bleiben. So lässt man Sie dann in Ihrer dampfenden Zwangsjacke 1/2 Stunde liegen. Diese Behandlung ist nicht nur unglaublich entspannend, sie tut auch noch Ihren Knochen gut und regt den Stoffwechsel an.
Fangobehandlungen kann Ihnen Ihr Hausarzt verschreiben. Der kennt auch geeignete Massagepraxen oder Badeabteilungen, in denen mit Fango therapiert wird.

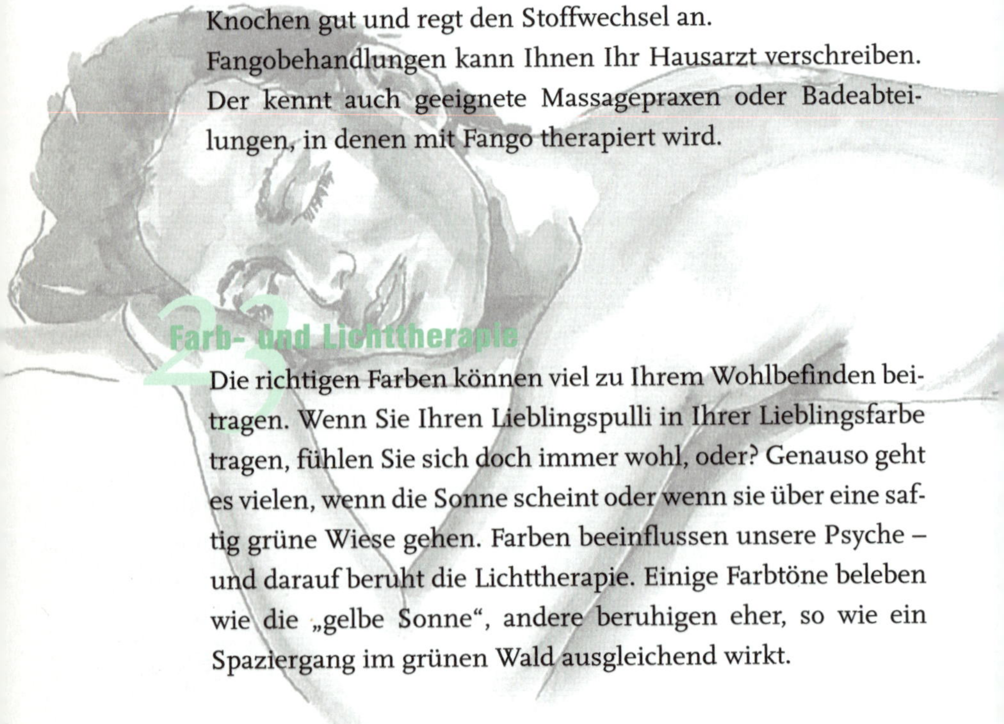

23 Farb- und Lichttherapie

Die richtigen Farben können viel zu Ihrem Wohlbefinden beitragen. Wenn Sie Ihren Lieblingspulli in Ihrer Lieblingsfarbe tragen, fühlen Sie sich doch immer wohl, oder? Genauso geht es vielen, wenn die Sonne scheint oder wenn sie über eine saftig grüne Wiese gehen. Farben beeinflussen unsere Psyche – und darauf beruht die Lichttherapie. Einige Farbtöne beleben wie die „gelbe Sonne“, andere beruhigen eher, so wie ein Spaziergang im grünen Wald ausgleichend wirkt.

Die Ayurvedische Heilkunde, eine Behandlungsmethode aus Indien, ordnet Farben bestimmte Eigenschaften zu, die den Körper negativ oder positiv beeinflussen können. Langsam setzt sich diese Behandlungsmethode auch in Europa durch.
Die Selbstbehandlung ist ganz einfach: Sie brauchen dazu entweder einfache weiße Glühlampen von 60 bis 75 Watt mit farbigen Glasfiltern aus dem Fotofachhandel oder Sie kaufen gleich farbige Glühlampen.
Für eine Bestrahlung sollten Sie sich 20 Minuten Zeit nehmen. Wählen Sie sich Ihre Relaxfarbe aus und machen Sie es sich bequem, am besten in einem Sessel. Ihr Kopf sollte ungefähr 30 cm von der Lampe entfernt sein. Schließen Sie die Augen und genießen Sie eine ruhige Atmosphäre.
Weitere Informationen gibt es z.B. unter *www.aquaris.de.*

Farbe	**Wirkung**
Gelb	▪ aufbauend ▪ anregend
Grün	▪ beruhigend ▪ hilft bei Augenleiden ▪ lindert Schmerzen
Blau	▪ stabilisierend ▪ ausgleichend ▪ hilft bei unruhebedingten Figur- und Ernährungsproblemen ▪ lindert allergische Hautprobleme
Violett	▪ aufbauend ▪ bringt neuen Optimismus bei Depressionen

24 Faulenzen

Ein ganz einfacher Relaxtipp ist das Faulenzen. Das Faulsein wirklich zu genießen ist jedoch nicht immer so einfach, wie es klingt. Es gibt sehr unterschiedliche Arten des Faulseins, z.B. zu Hause faul zu sein.

> ***Hausarbeit ist eigentlich überflüssig.***
> ***Nach den ersten vier Jahren wird der Dreck***
> ***nicht mehr schlimmer.***
> **Quentin Crisp**

Den wahrscheinlich besten Rat, was Faulheit betrifft, gab einer der größten amerikanischen Schriftsteller und Humoristen:

> ***Verschiebe nie auf morgen, was du übermorgen***
> ***kannst besorgen.***
> **Mark Twain (1877)**

25 Feng Shui

Die chinesische Harmonielehre Feng Shui zeigt Ihnen, wie man im kleinen Rahmen auch bei der Wohnungseinrichtung große Wirkung erzielen kann. Die Grundvoraussetzung ist, dass positive Energie richtig fließen kann.
Verteilen Sie bei sich Zuhause oder auch am Arbeitsplatz Glücksbringer wie Seidenblumen und Drachenfiguren. Achten Sie auf paarige Gegenstände, wie z.B. zwei identische Kerzenständer – die sollen Partnerschaften stärken.
Wenn Sie Ihre Wohnung mit Pflanzen schmücken, dann achten Sie darauf, dass Sie runde, stumpfblättrige wählen (siehe => Grünpflanzen). Alles Spitze und Kantige hat eine negative und zerstörende Wirkung auf den Körper. Das gilt auch für spitze Kristalle, Messer und dekorative Figuren.

Für Ihre persönlichen Relaxstunden wäre eine Kuschelecke ideal. Neben Ihrem Lieblingssessel könnten Sie z.B. eine gefüllte Obstschale platzieren, die steht für Glück und Wohlstand. Holzgegenstände und ein Strauß Tulpen (siehe => Blumen) sollen Frische und neue Energie bringen. Ein gutes Buch und eine Kuscheldecke in Ihrer Lieblingsfarbe machen den Wohlfühlplatz perfekt.
Ausführliche Ideen zur Raumgestaltung finden Sie unter *www.info@fengshui.de*, der Internetseite des Architekten und Feng Shui-Beraters Atito Lorenz Witt.

26

Filme

Für mich waren als Kind Filme immer etwas Besonderes, darauf konnte ich mich tagelang im Voraus freuen. Wenn der Film dann endlich kam, habe ich immer mit meinem kleinen roten Klappstuhl wie ein hypnotisiertes Kaninchen vorm Fernseher gesessen. Nichts hat mich glücklicher gemacht als die Erkennungsmelodie von Winnetou, und nach Doktor Schiwago war ich anschließend drei Tage lang high.

Auch heute kann ich beim fernsehen am besten abschalten. Videorecorder und eine gute Videothek in der Nachbarschaft sind ein Muss. Ich kaufe mir meine Lieblingsfilme sogar, dann habe ich meine Glücklichmacher immer griffbereit. In Krisensituationen hat sich das bewährt. Auch Freunde wissen meine kleine Videothek zu schätzen, die u.a. folgende Relax-Filme beinhaltet:

- *Harry und Sally* – der Klassiker unter den Liebeskomödien, mit Meg Ryans Café-Orgasmus.
- *Und täglich grüßt das Murmeltier* – der ekeligste Wetterfrosch der Welt wird zum Menschenfreund.
- *Tootsie* – mit Dustin Hoffman, der als als Soap-Schauspielerin das Herz seiner Traumfrau gewinnt.
- *Bullets over Broadway* – ein Woody Allen ohne Woody, dafür mit einem köstlichen Chazz Palminteri.
- *Casablanca* – nachdem ich mich ausgeweint habe, fühle ich mich jedesmal besser und total entspannt.
- *Manche mögen's heiß* – Jack Lemmon und Tony Curtis als Musikerinnen, dazu Marilyn Monroe, unter der Regie von Billy Wilder, in Bestform.
- *Meine Braut ist übersinnlich* – Jimmy Stewart mit der Hexe Kim Novak.

27 Flirten

Flirten ist ein äußerst wohltuender Relax-Tipp! Und praktisch ist er noch dazu, denn flirten können Sie überall – das Einzige, was da sein muss, ist Ihre eigene Bereitschaft. Wie oft rennen wir mit Scheuklappen durch die Gegend, sehen vor lauter Sorgen nicht, dass es überall nette Menschen um uns herum gibt, die uns unsere Probleme für einen Moment vergessen lassen. Ein freundliches Lächeln, ein paar liebe Worte, einen Kaffee, auf den man spontan eingeladen wird, können unbeschreiblich gut tun. Auch wenn man einen netten Partner zu Hause hat.

Für alle, die das Flirten verlernt haben:

- Augen auf: Um Sie herum sind Menschen, die Sie einfach gern kennen lernen wollen. Lassen Sie Blickkontakt zu.
- Mund auf: Wenn Ihnen jemand gut gefällt, sagen Sie etwas Nettes, legen Sie sich für solche Fälle einen Satz zurecht.
- Offene Körperhaltung: Wenn Sie mit verschränkten Armen und Beinen herumsitzen, traut sich kein Mensch, mit Ihnen zu flirten. Machen Sie sich locker.

Probieren Sie es mal bewusst – Sie werden merken, wie Ihre Seele dabei singt.

28 Freizeitstress

Haben Sie ständig das Gefühl, Sie würden etwas verpassen? Hetzen Sie sich deshalb durch Wochenenden und Urlaubstage? Weil Sie überall sein wollen, jeden sehen müssen und es Freunden und Familie recht machen wollen? Das wird Ihre Mitmenschen vielleicht, Ihren eigenen Körper aber mit Sicherheit nicht freuen. Ihre Freizeit sollten Sie zur persönlichen Erholung nutzen. Wenn Sie ständig auf Achse sind,

sind wahrscheinlich Ihre Arbeitstage am Schreibtisch noch die entspannendsten für Ihren Körper.

> ***Ein Tag fern von bestimmten Leuten ist wie ein Monat auf dem Land.***
> **Howard Dietz**

Seien Sie egoistisch: Sie können nicht ständig für jeden da sein. Wahre Freunde verstehen das. Sie müssen nicht jedes Wochenende bei Ihrer Schwiegermutter zum Kaffee auftauchen, und Sie müssen auch nicht ständig die Partnerprobleme Ihrer besten Freundin lösen. Wer auch mal egoistisch ist, wird viel höher angesehen. Wer dagegen automatisch immer da ist, wird kaum geachtet. Hilfe und Leistung sind dann bald nichts Besonderes mehr, sondern werden vorausgesetzt. Ich wette, Sie haben auch jemanden im Bekanntenkreis, der jahrelang die kranke Oma gepflegt hat, tagaus tagein für sie da war. Und geerbt hat schließlich der entfernt wohnende Sohn, der einmal im Jahr mit einer edlen Pralinenschachtel zu Besuch kam.
Denken Sie immer auch an sich. Und überlegen Sie mal, welche Personen aus Ihrem Freundes- und Familienkreis wirklich wichtig sind und wer davon Ihnen wirklich gut tut. Umgeben Sie sich mit diesen und machen Sie sich bei den anderen ruhig mal rar.

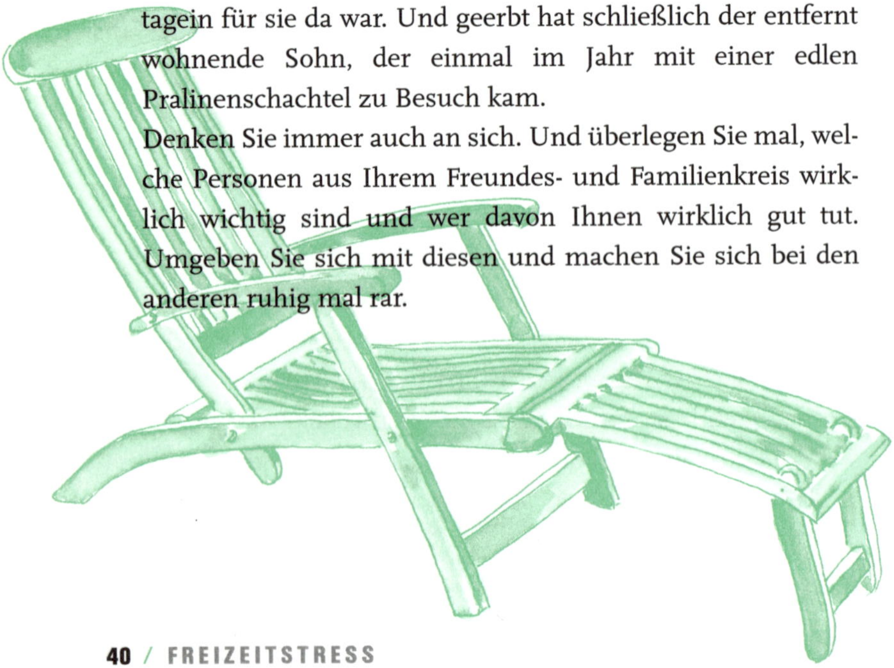

29 Frühstück

Die kritische Phase einer jeden Beziehung ist das gemeinsame Frühstück.
A.P. Herbert (1935)

Eine ausgewogene Ernährung am Morgen ist der Schlüssel zu einem entspannten Körper für den ganzen Tag. Bestehen sollte die Mahlzeit aus Porridge (Haferflockenbrei), ungesüßtem Müsli oder Cereals aus Vollkorn. Darin sind reichlich Kohlenhydrate enthalten, die dem Körper ordentlich Brennmaterial liefern, welches sofort in Energie umgesetzt wird. Bereiten Sie den Porridge mit Wasser oder Sojamilch zu und süßen Sie mit Honig und getrockneten Früchten.
Probieren Sie Ihr Müsli einmal mit frisch gepressten Fruchtsäften anstatt mit Milch, und lassen Sie es über Nacht darin einweichen – das ist die ursprüngliche Schweizer Müsli-Tradition. Morgens können Sie es dann mit Honig abschmecken und frisches Obst hinzugeben. Wenn Sie nach einer großen Schüssel Müsli oder Porridge noch Hunger haben, beenden Sie Ihr Frühstück mit einer Scheibe Vollkorntoast, bestrichen mit Honig oder Marmelade.

30 Gartenarbeit

Ein Häuschen mit Garten – würden Sie nicht auch im tiefsten Herzen Ihre Stadtwohnung ohne Zögern eintauschen für ein ruhiges Plätzchen am Stadtrand oder auf dem Land? Das Häuschen ist noch nicht einmal so wichtig – aber der Garten! Wer einen Garten sein Eigen nennt, kann sich glücklich schätzen.

> ***Einen Garten anzulegen, ist wie eine bessere Welt zu suchen.***
> **Jil Sander**

Ein paar Meter zur freien Gestaltung – das ist für jeden eine wunderbare Relax-Oase. Egal ob Sie daraus eine grüne Liegewiese machen und nur einen Sonnenstuhl darauf stellen wollen oder ob Sie ein Sonnenblumenfeld anbauen wollen. Gemüse ist auch nicht zu verachten – nichts schmeckt besser als Kartoffeln, Tomaten oder Möhren aus dem eigenen Garten. Egal, was Sie aus Ihrem Stück Erde machen, Sie werden merken, wie entspannend und zufriedenstellend Gartenarbeit sein kann – wenn Sie sich dabei nicht übernehmen.

> ***Der Garten sollte nicht zu groß sein, wenn Ihr Mann leicht ermüdet.***
> **Anonym**

Wenn Sie nicht zu den glücklichen Gartenbesitzern zählen, dann schaffen Sie sich doch ein kleines Gewächshaus für die Küchenfensterbank an.

31 Geselliges Relaxen

Entspannen Sie in fröhlicher Runde. Manchmal muss man einfach ein paar andere Gesichter sehen als die aus dem Büro, und man muss vor allen Dingen mal wieder merken, dass es auch noch etwas anderes gibt im Leben als die Themen, die Sie auf der Arbeit diskutieren. Wirklich gute Freunde tun so gut, wenn man einfach nur mal abschalten will, auch ohne ein groß geplantes Essen. Automatisch spricht man über den nächsten Urlaub, den letzten Kinobesuch und so weiter.

Um den Kopf richtig frei zu bekommen von Alltagssorgen, empfiehlt sich folgendes Spiel, das sich auch wunderbar für lange Spaziergänge eignet: Sie beginnen mit dem Titel des Films, den Sie zuletzt im Kino gesehen haben. Nehmen wir mal an, es war *Gladiator*. Dann muss der nächste einen weiteren Filmtitel nennen, der mit dem letzten Buchstaben des Films beginnt, also R. Er antwortet dann vielleicht *Rainman*. Die Aufgabe der nächsten Person ist es dann, einen Film mit N zu finden usw. Dieses Gesellschaftspiel macht ungeheuer Spaß und Lust auf Filme, die man schon immer mal oder endlich wieder sehen wollte. Nicht selten landet man schließlich in der Videothek – auch um sich heimlich von A bis Z zumindest je einen Filmtitel für das nächste Spiel zu merken.

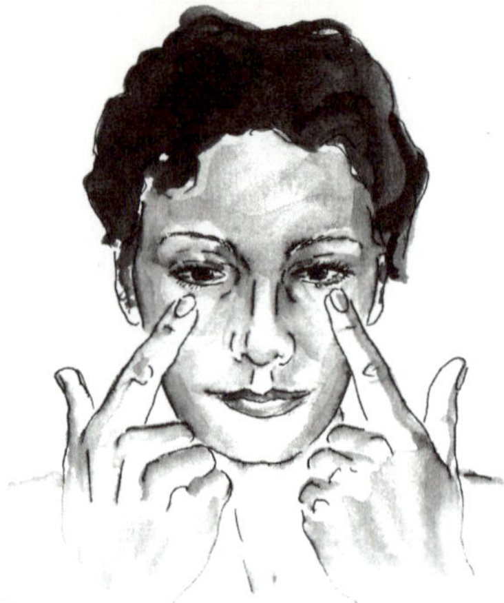

32 Gesichtsmassage

Diese Massage ist gut für die innere Balance: Legen Sie die Spitzen Ihrer Zeigefinger direkt auf die Wangenknochen unter Ihren Augen und üben Sie dort einen leichten Druck aus. Sie sollten ihn etwa eine Minute lang spüren. Dann loslassen, ein paar Sekunden warten und den Ruhepunkt eine weitere Minute drücken. Vier- bis fünfmal können Sie diese Übung hintereinander durchführen – müde Augen und Nervosität sind so ganz schnell verflogen.

33 Ginseng

Weniger Stress – mehr Energie: Wenn man russischen und chinesischen Forschern glaubt, ist Ginseng das optimale Heilkraut. Der sibirische oder auch der bekanntere chinesische Ginseng wird in Russland Sportlern, Fabrikarbeitern und anfälligen Menschen zur Stärkung und Beruhigung verabreicht. Die Chinesen sehen darüber hinaus in der Ginsengwurzel ein allgemein gesundheitsförderndes, lebensverlängerndes Heilmittel. Eine japanische Studie Mitte der achtziger Jahre ergab, dass Trimmdich-Radfahrer, die regelmäßig Ginseng verabreicht bekamen, ihre Leistung um 23,3% stei-

gern konnten. Bei Fahrern, die statt des Ginsengs Placebos einnahmen, waren es nur 7,5%.
Aber nicht nur die körperliche, sondern auch die geistige Leistung wird durch Ginseng gesteigert: Im Rahmen einer russischen Studie wurde Mitarbeitern eines Telegrafenamtes ein Text vorgelegt, den sie sich eine Stunde lang merken sollten. Denjenigen Testpersonen, denen zuvor 2 ml Ginsengextrakt in Wasser verabreicht worden war, unterliefen auffällig weniger Fehler als den ginsengfreien Mitarbeitern.
Wen Ginseng jetzt überzeugt hat, der hat die Wahl zwischen, Ginsengextrakt mit Alkohol, Tabletten, Kapseln oder Tee. Doch die volle Wirkung zeigt sich erst nach einem Monat.

34 Good Mood Pasta

Ein Topf voll Spaghetti macht unerhört glücklich, besonders weil sie schnell zubereitet sind, wenn man mit einem Riesen-Kohldampf genervt von der Arbeit nach Hause kommt. Und zudem kann beim Kochen eigentlich nichts schiefgehen. Sie schmecken immer, zur Not auch mal mit Butter und Salz. Vor allem aber, weil Nudeln voller Kohlenhydrate und damit hervorragende Serotoninlieferanten sind. Dasselbe gilt für Kartoffeln. Deshalb liefert das folgende Rezept für zwei Personen eine Extraportion Glück:
Schneiden Sie 150 g Kartoffeln in kleine Würfel und geben Sie diese zusammen mit 100 g tiefgefrorenen grünen Bohnen in einen großen Topf kochendes Salzwasser und lassen sie kurz aufkochen. Geben Sie 150 g Spaghetti dazu. Dinkelspaghetti sind besondere Relax-Nudeln, denn Dinkel soll stimmungsaufhellend wirken und wird sogar bei Depressionen empfohlen. Dinkelnudeln gibt's im Naturkostladen. Das Ganze so lange garen, bis die Spaghetti „al dente" sind, das Wasser

abgießen und eine Pestosoße (Fertigprodukt) Ihrer Wahl dazugeben. Mit etwas Salz und Pfeffer würzen, Parmesan drüber – fertig.

35 Grüner Tee

Wenn Sie Japaner nach ihrem ultimativen Relaxtipp fragen, dann bekommen Sie eine klare und kurze Antwort: Tee. Grüner Tee steht in Japan für innere Harmonie, Teekochen und -trinken wird traditionell zelebriert. Das nachzuvollziehen fällt uns im Westen meist schwer, aber die Wirkstoffe des Getränks überzeugen: Mineralstoffe, Spurenelemente und Vitamin C. Hier die gängigsten Sorten, die es auch bei uns inzwischen in jedem Teeladen in guter Qualität gibt:

Teesorte	*Herkunft*	*Wirkung/Geschmack*
Grüner Assam	Indien	■ wirkt leicht anregend ■ leicht herber Geschmack
Gunpowder	China	■ wirkt leicht anregend ■ leicht bitterer Geschmack
Jasmin	China/Vietnam	■ wirkt erfrischend ■ leicht blumiger Geschmack
Sencha	Japan	■ wirkt anregend ■ angenehm milder Geschmack

Egal, für welche Grünteesorte Sie sich entscheiden, Ihr Teewasser sollte nicht über 80 °C heiß sein. Lassen Sie Ihren Tee nur kurz ziehen, wirkt er anregend. Ab einer Minute reagiert das enthaltene Koffein mit den Gerbstoffen der Pflanze und wird langsamer vom Körper aufgenommen, das mildert die aufputschende Wirkung. Je länger er zieht, desto beruhigender wird der Tee. Lassen Sie ihn aber nicht mehr als drei Minuten ziehen, sonst schmeckt er bitter.

36 Grünpflanzen

Grünpflanzen sind wie Blumen Simmungsaufheller und eine Wohltat für die Seele. Auch wenn Sie nicht mit einem grünen Daumen geboren sind – gerade dann werden Sie Ihre helle Freude haben. Es gibt Pflanzen, die sind nahezu unverwüstlich: Selbst bei mir halten sich Gummibaum und Grünlilie. Auf jeden Fall sollte zumindest ein Philodendron in Ihrer Wohnung stehen – als Luftreiniger. Untersuchungen haben ergeben, dass er mit Umweltgiften kurzen Prozess macht. Schädliche Stoffe wie z.B. Formaldehyd werden vom Philodendron aus der Luft herausgefiltert.

37 Gymnastik und Bewegung

Für einige ist Frühsport absolut undenkbar, anderen ist Sport am Abend ein Greuel. Unser Körper sagt uns schon, wann für uns persönlich die beste Zeit für körperliche Betätigung ist. Ich meine jetzt nicht die besonders laute innere Stimme, die Ihnen sagt: „Ich sitze am liebsten auf dem Sofa." Ignorieren Sie die und hören Sie auf die leise, weise Stimme, die sagt: „Dreimal in der Woche 1/2 Stunde Sport tut gut." Dann werden Ihnen schnell Ihre Mitmenschen sagen, dass sie Sie um Ihre Figur und Ihre sportliche Disziplin beneiden. Weitere

Vorteile sind ein positives Körpergefühl und der steigende Kalorienverbrauch. Außerdem verbessert regelmäßige Bewegung die Muskulatur, die Körperhaltung und Ihren Schlaf. Sie bauen Aggressionen ab und – das allerschönste – Sie wissen, dass Sie Ihren eigenen Schweinehund überwunden haben.

38 Haut-Relax

Stress in jeder Form lässt sich schnell an unserer Haut ablesen. Bei Liebeskummer z.B. sieht die Haut genauso grau aus wie unser Liebesleben. Wenn wir gestresst sind, egal in welcher Form, fehlt einfach das Strahlen in unseren Augen und auf unserer Haut. Denken Sie im Vergleich nur mal daran, wie Sie aussehen, wenn Sie frisch verliebt sind – dann strahlt einfach alles! Innere und äußere Unausgeglichenheit lassen sich nicht trennen.

Wenn wir im Stress sind, setzt der Körper Proteine frei, die die Haut reizen. Rötungen und Entzündungen können die Folge sein. Der Körper produziert mehr Hormone, vor allem Adrenalin und Testosteron, sowie Talg in größeren Mengen. Das kann zu Akne-Attacken oder allergischen Reaktionen führen. Derartige Veränderungen der Haut sollten ein Warnzeichen für eine mentale Überbelastung sein: Wer ständig unter Hautirritationen leidet, muss mit Stress anders umgehen oder seinen Lebensstil ändern.

Aber erstmal brauchen Sie ein Notprogramm für Ihre gestresste Haut:

Benutzen Sie für Ihre Tagespflege ölfreie Produkte und beruhigen Sie die Irritationen mit Soothing Lotions. Schnelle Hilfe leistet ein Kamilledampfbad (siehe Seite 20). Die Haut fühlt sich danach schon wieder sanft an.

Meeresschlamm- oder Algenmasken reinigen und beruhigen die Haut ebenso. So eine Ganzkörper-Schlammpackung macht riesig Spaß und erinnert an sorglose Kindertage – ans Spielen in Sand und Schlamm. Bleiben Sie eingeschlammt aber besser im Badezimmer, denn erst tropft die Masse und später krümelt sie.

39 Hopfen

Hopfen entspannt das zentrale Nervensystem und sorgt für gesunden Schlaf. Er wird allgemein zur Milderung von Angst und starken Unruhezuständen verschrieben. Wohltuend ist Hopfen auch bei Kopfschmerzen und Verstopfung. 300 bis 400 mg in Tabletten- oder Kapselform täglich sind genug.

40 Hot-Stone-Relax

In den USA ist Hot-Stone-Relax der absolute Entspannungshit. Dabei handelt es sich um eine besondere Art von Massage, bei der runde Basaltsteine erwärmt und auf den Körper aufgelegt werden. Die abgerundeten Steine sind angenehm auf der Haut und regelrechte Wärmespeicher. In unterschiedlichen Größen werden sie auf die jeweiligen Muskelpartien gelegt. Dazu gehört ein ganz bestimmtes Ritual:
Zunächst wird der ganze Körper mit Jojoba- oder Rosenöl eingerieben. Anschließend werden bis zu 40 Basaltsteine im Ofen auf ca. 50 °C erhitzt und dann auf die Energiezentren des Körpers aufgelegt. Die Wärme der Steine entspannt Bauch, Stirn, Hände etc. durch und durch. Um eine optimale Durchblutung des Körpers zu erzielen, sind anschließend kalte Mamorsteine dran. Der dadurch hervorgerufene Temperaturwechsel und die besondere Massageart der Spezialisten lockern zusätzlich die Muskulatur, auch in tieferen

Schichten – und das Wohlgefühl ist perfekt. Für eine Stunde können Sie ca. 100 DM einplanen.
Mehr Infos unter: *www.Lastonetherapy.com* oder *www.energie-tanken.de*

41 Humor

Auch die Götter lieben Witze.
Platon (4. Jh.v.Chr.)

Wann haben Sie das letzte Mal so richtig laut gelacht, und zwar so, dass Sie sich nicht mehr einkriegen konnten und am Ende vielleicht gar nicht mehr wussten, was Sie eigentlich dazu gebracht hat? Wenn das noch nicht so lange her ist, dann haben Sie ein gutes Mittel gegen Stress: Gelächter und Humor lösen Spannungen und verbessern die Laune.
Lachen ist wie innerliches Joggen: Ein kräftiges Lachen spannt und entspannt die Muskulatur des gesamten Körpers. Der Herzschlag und der Bluthochdruck steigen spontan, man atmet intensiver, und eine Menge Kalorien werden verbrannt. Im Hirn werden beim Lachen Endorphine freigesetzt, die sogar Schmerzen lindern können. Humor stärkt das komplette Immun- und das Nervensystem.
Sorgen Sie selbst dafür, dass Sie täglich etwas zum Lachen bringt! Schneiden Sie z.B. Witze aus Zeitungen oder Witzbüchern aus, die Sie lustig finden, und hängen Sie sie am Arbeitsplatz oder in der Küche auf. Immer, wenn Sie die Witze sehen, werden Sie schmunzeln, und vielleicht tun es andere auch. Im Optimalfall lachen Sie gemeinsam – das relaxt.

42 Inneres Lächeln

Diese chinesische Relax-Übung dauert nur ein paar Minuten – und schon fühlt man sich erfrischend klar, besonders in angespannten Situationen: im Büro, in Meetings, bei der Examensvorbereitung:

- Setzen Sie sich gerade hin.
- Stellen Sie sich etwas vor, das Sie zum Lächeln bringt.
- Lachen Sie innerlich, nur für sich. Ihr Lächeln muss äußerlich nicht sichtbar sein – darf es aber.
- Stellen Sie sich vor, das Lächeln würde aus Ihren Augen strahlen.
- Jetzt lassen Sie dieses Lächeln wandern, durch Ihren ganzen Körper, durch Ihre inneren Organe und spüren Sie das positive Gefühl Ihres Lächelns überall.
- Lassen Sie das Lächeln bis zu Ihrem Tan Tien vordringen, das ist der Punkt, an dem nach chinesischer Lehre unsere innere Batterie sitzt: direkt unterm Bauchnabel.
- Gehen Sie jetzt wieder zu Ihrem normalen Tagesablauf über, aber lächeln Sie innerlich weiter. Sie werden sehen, wie sich Ihr Lächeln nicht nur auf Ihren eigenen Tag positiv auswirkt, sondern auch auf andere Menschen übergeht.

43 Jod

Jod ist Brennmaterial für die Hormonproduktion im Körper. Fehlt Jod, so kann es zu Funktionsstörungen der Schilddrüse kommen. Führt der Jodmangel zu einer Unterfunktion, macht das nicht nur schlapp und lustlos, sondern im Extremfall sogar depressiv. Nervös und gereizt ist man bei einer Überfunktion. Um beidem vorzubeugen, sollten Sie auf genügend Jod in Ihrer Ernährung achten. 150 bis 200 mg hätte unser Körper gern als Tagesration, die kann er aber bei

einer normalen Ernährung kaum bekommen. Um Ihren Jodhaushalt richtig aufzufüllen, sind Muscheln und Meeresfrüchte ideal. Zuviel Gutes können Sie sich mit jodhaltigen Nahrungsmitteln, wie z.B. jodiertem Speisesalz, gar nicht tun, denn überschüssiges Jod wird über den Urin ausgeschieden.
Unter *www.schilddruese.de* finden Sie eine Checkliste zum Selbertesten. Ein Hormonspiegel, den Ihr Hausarzt für Sie erstellt, schafft hundertprozentige Klarheit.

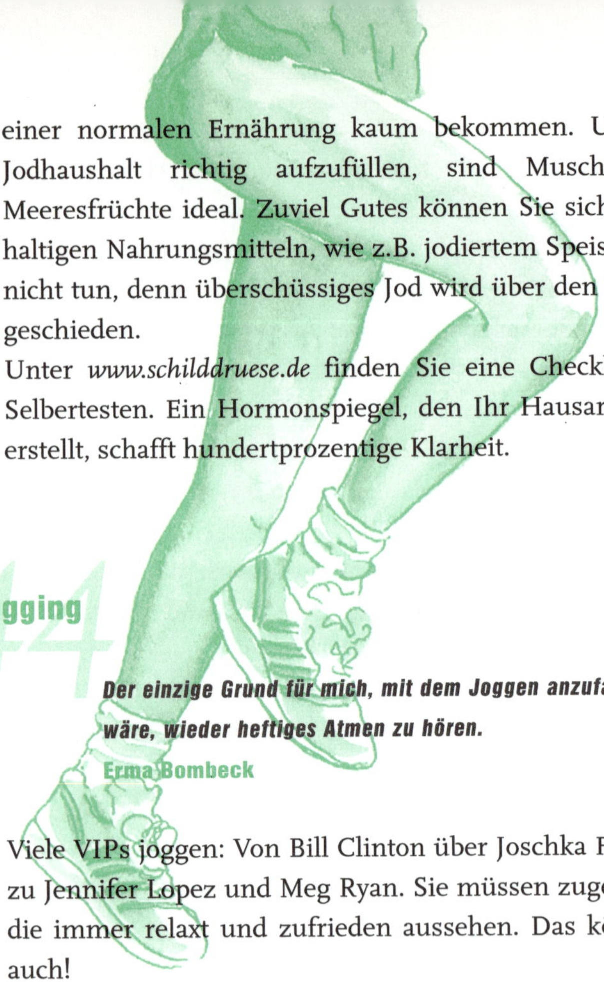

44 Jogging

Der einzige Grund für mich, mit dem Joggen anzufangen, wäre, wieder heftiges Atmen zu hören.

Erma Bombeck

Viele VIPs joggen: Von Bill Clinton über Joschka Fischer bis zu Jennifer Lopez und Meg Ryan. Sie müssen zugeben, dass die immer relaxt und zufrieden aussehen. Das können Sie auch!
Kondition und eine gute Durchblutung sind die größten Gesundheitsfaktoren beim Jogging. Die Haut wird straff, und der ganze Körper kommt in Topform, wenn man regelmäßig joggt. Wer erst mal damit angefangen hat, wird richtig süchtig. Das Schöne an diesem Sport ist, dass man unabhängig von Ort und Zeit ist. Der einzige Nachteil ist, dass die Knochen belastet werden, vor allen Dingen die Knie und die Wirbelsäule. Ganz wichtig sind aus diesem Grund gute Laufschuhe.

45 Johanniskraut

Schon in der Antike galt Johanniskraut als Heilmittel für alles, was einem über den Kopf wächst. Sogar zur Geisteraustreibung wurde es benutzt. Heute ist das Kraut der Renner unter den Stimmungsaufhellern und erlebt eine regelrechte Blütezeit. Ärzte sind von der Wirkung des Krautes als mildes Antidepressivum, das nicht nur beruhigt, sondern auch Energie bringt, überzeugt.

Bei Angst und Spannungszuständen hat sich ein Kräutergemisch aus Johanniskraut, Weißdorn, Melisse oder Kamille bewährt. Wer sich für hoch dosierte Dragees entscheidet, sollte intensive Sonnenbäder meiden, denn der enthaltene Wirkstoff Hypericin macht die Haut besonders lichtempfindlich.

46 Kakaobutter

Kakaobutter ist eng mit unserem natürlichen Hautfett verwandt. Es glättet rissige, trockene Haut und lässt sie Feuchtigkeit speichern. Ihre Hände mögen Kakaobutter besonders, wenn Sie diese in Form einer dicken Cremeschicht sanft einmassieren – erst die Finger einzeln von der Wurzel aus nach oben abziehen, den Handrücken abzupfen und die Handfläche kreisförmig massieren, das Gleiche gilt für Ihre Füße. Anschließend dicke Strümpfe über die Füße ziehen, Baumwollhandschuhe für die Hände und dann ins Bett. Am nächsten Morgen wachen Sie mit Samtpfötchen auf.

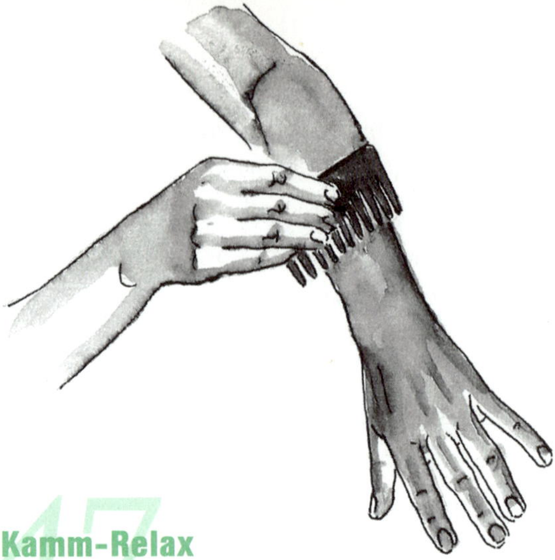

47 Kamm-Relax

Einen Kamm sollte man immer dabei haben, doch nicht in erster Linie für die Haare. Unverzichtbar ist er bei Erschöpfung und Unruhezuständen – sozusagen als Akupressurharke! Ziehen Sie den Kamm einfach über Unter- und Oberseite der Hand, immer in Richtung Herz. Weiten Sie die Streichbewegungen dann auf Arme und Schultern aus. Drei Minuten lang sollten Sie sich sanft striegeln. Zug um Zug werden sie gelassener!

48 Kava Kava

Die Wurzel aus Polynesien kann bis zu 10 kg wiegen. Ihr botanischer Name *Piper methysticum* bedeutet „Rauschschote". Ein 3000 Jahre alter Brauch besagt, dass man aus der Kava-Wurzel ein potenzsteigerndes alkoholisches Getränk herstellen kann. Bei verschiedensten Ritualen wurde diese Wirkung genutzt, um Entspannung bis zu leicher Euphorie zu erreichen und um Träume zu verstärken. Der Extrakt der trockenen Wurzel wird von Ärzten oft zur Eindämmung von Angstzuständen verabreicht, wobei keine Suchtgefahr besteht.

Nach der Einnahme ist man schnell relaxt und ruhig, Muskelspannungen legen sich und die Hirntätigkeit wird durch die Einnahme gestärkt, man erinnert sich besser und die Reaktionsfähigkeit wird gesteigert. Wie bei den meisten Kräutern zeigt sich die Wirkung nicht sofort nach der ersten Einnahme. Erst nach einer Woche werden Veränderungen deutlich, und im Laufe eines Monats steigert sich die beruhigende und motivierende Wirkung.
Dreimal täglich eine 100-mg-Kapsel ist die optimale Dosis. Das Heilmittel sollte allerdings nicht mit Alkohol, Beruhigungs-, Schlafmitteln oder Drogen zusammen eingenommen werden.

49 Klangkissen

Es handelt sich hierbei um ein ganz normales, gemütliches und kuscheliges Kissen, in dem sich ein sehr schmales und nicht spürbares Stereo-Lautsprechersystem verbirgt, das mit Ihrem CD-Player, Kassettenrekorder oder Fernseher verbunden werden kann. Sie können also Musik hören oder liegend fernsehen, ohne dass jemand anderes gestört wird. Ihr Partner kann dabei beispielsweise seelenruhig weiterschlafen. Das kann er zwar auch, wenn Sie Kopfhörer aufsetzen, aber Sie können mit Kopfhörern weder bequem liegen, noch damit einschlafen. Das Kissen hilft bei Schlafstörungen und weckt nur Sie, wenn Sie an dem Radiowecker angeschlossen sind, ohne jemand anderen zu stören.

50 Koffein

Kaffee macht wach, schärft kurzfristig die Konzentration und hebt auch die Laune. Doch in Stresssituationen ist Kaffee das reinste Gift, denn Kaffee lässt das Adrenalin im Körper nur kurzfristig steigen und direkt wieder absinken. Danach ist man erst recht schlapp und greift zur nächsten Tasse, bis man dann am Abend völlig fertig ist. Stress und Koffein schaukeln sich gegenseitig hoch. Wer tagsüber viel Kaffee trinkt, kann oft nachts nicht schlafen, der Körper ist unausgeruht und braucht gleich am Morgen neues Koffein. Das führt automatisch zu Schwäche und Stimmungsschwankungen, die durch die nachfolgenden Tassen Kaffee noch verstärkt werden.

Aus dieser „Kaffeemühle“ muss man raus. Viel Vitamin C und Kräutertees helfen, und Getreidekaffee tut es als Kaffeeersatz auch. Wer allerdings regelmäßig große Mengen Kaffee trinkt, der sollte nicht plötzlich damit aufhören und sich erstmal noch die Frühstückstasse gönnen, tagsüber dann auf koffeinfreie Getränke umsteigen und erst nach ein paar Wochen den Kaffee gänzlich weglassen. Andernfalls fehlt dem Körper etwas, er ist sozusagen auf Entzug und beschwert sich mit Kopfschmerzen.

51 Küssen

Küssen Sie! Küssen macht Spaß, bedeutet Lust und Nähe und ist vor allen Dingen gesund. Bei einem intensiven Kuss werden Gehirnbotenstoffe (Neuropeptide) im Körper freigesetzt, die das Immunsystem stärken. Zusätzlich werden beim Küssen Viren, Bakterien, Eiweiße und andere Substanzen ausgetauscht, gegen die der Körper Abwehrstoffe bildet – ein gutes Training. Sollten Sie keinen kusswilligen Menschen griffbereit haben, dann packen Sie sich bietende Gelegenheiten beim Schopf. Auf feucht-fröhlichen Feten und auf jeden Fall zu Karneval oder einfach, wenn Ihnen jemand besonders gut gefällt.

Die französische Schauspielerin Sarah Bernard wurde auf

einer Amerika-Tournee von einem Journalisten für drei verschiedene Redaktionen interviewt, für die Zeitungen „Examiner“ und „Appeal“ sowie die Agentur „Associated Press“. Der junge Mann gefiel ihr so gut, dass die Bernard ihn beim Abschied auf beide Wangen küsste. „Das ist für den Examiner und das für den Appeal“, sagte sie. „Und das ist für Sie ganz persönlich.“ und küßte ihn auf den Mund. Der Journalist gar nicht schüchtern: „Vergessen Sie bitte nicht Madame, dass ich auch die Associated Press vertrete, die bedient dreihundertachzig Zeitungen.“

52 Kyudo

Hinter diesem Begriff verbirgt sich eine Form des japanischen Bogenschießens. Da es um eine alte Tradition geht, wird dabei auch nicht wie in Indianerfilmen wild drauf los geschossen – das wäre ja auch nicht sehr entspannend.

Kyudo ist eine Kunst und ein Meditationstraining, das die Rückenmuskulatur und die Konzentration schult. Kyudo heißt übersetzt „Weg des Bogens“, das bedeutet: Geduld und Ruhe beim Spannen des Bogens sind das angestrebte Ziel der Übung. Kyudo ist kein Sport für eine Einzimmerwohnung. In freier Natur wirkt die Meditationsweise sowieso viel besser, denn auf die Kombination von Anspannung und Weite kommt es an. Kyudo-Profis werden Sie von der positiven Wirkung schnell überzeugen.

Kurse werden in ganz Deutschland recht günstig angeboten. Ein Anfängerkurs kostet 100-200 DM (50-100 Euro).

Infos unter *www.kyudo.de* oder beim Deutschen Kyudobund, Stiftmühlenbrink 34, 45134 Essen.

53 Langzeitrelax

Wenn Sie auf Dauer ein relaxtes Leben anstreben, dann sollten Sie auf diese vier Parameter achten: Sonne – Sport – Sex – Schlaf. Wirklich überwinden müssen wir uns dabei meistens nur zu sportlichen Aktivitäten. Vor allem die Kombination aktiviert auf Dauer unsere Wellness-Hormone, insbesondere das Hormon Dehydroepiandrosteron (DHEA), das ein regelrechter Jungbrunnen sein soll. Dieses Hormon der Nebenniere unterbindet die Produktion des Stresshormons Kortisol, ist also ein Schutzstoff gegen Stress, wirkt immunstärkend und schlaffördernd. Leidet der Körper unter DHEA-Mangel, ist er anfälliger für Krebs, Herzerkrankungen und Osteoporose. Viele Ärzte empfehlen eine DHEA-Hormontherapie – die allerdings von einem Facharzt betreut werden sollte.

54 Lieblinge

Haben Sie einen Lieblingsschriftsteller, dessen neuem Buch Sie entgegen fiebern können? Haben Sie einen Lieblingsschauspieler, auf den Sie sich in jedem neuen Film freuen? Haben Sie einen Lieblingssänger? Sammeln Sie etwas? Nein? Meinen Sie, das ist alles Teenagerkram? Sie müssen ja auch nicht Pokémons oder Katzenfiguren sammeln. Genauso wenig müssen Sie für Bratt Pitt oder die NoAngels schwärmen und Dolly-Bücher lesen. Aber mal ehrlich: Haben Ihnen Ihre „Lieblinge“ damals nicht gut getan?
Einer meiner Lieblinge ist z.B. der Schauspieler Michael Caine. Er hat für mich das ganz besondere Etwas, vor allem hat er unzählige Filme gedreht, auf irgendeinem Kanal läuft also praktisch immer einer, in dem er mitspielt. Nach seinem Oskar für die beste Nebenrolle in *Gottes Werk und Teufels Beitrag* nach dem Buch von John Irving (mein Lieblings-

schriftsteller!) kann er sich jetzt die Rosinen unter den angebotenen Projekten herauspicken. Ich kann mich also auf lauter Spitzenfilme freuen.

Man sollte mindestens eine Sammlung von „Lieblingen“ pflegen. Wie wäre es mit etwas, das relativ klein ist, praktisch und nicht so teuer – z.B. Kerzen? Sammeln Sie besonders schöne, und lassen Sie das Ihre Freunde wissen. Was meinen Sie, wie erleichtert die nun Ihren Geburtstagen entgegensehen und wie sehr Sie sich über die zukünftigen Geschenke freuen werden.

55 Mandeln

Mandelöl ist reich an ungesättigten Fettsäuren und Vitamin E. Es speichert Wärme und eignet sich hervorragend als Körperöl und Badezusatz. Gestresste poröse Haare werden mit Mandelöl-Shampoos wieder weich und kraftvoll. Ein Mandelkleie-Peeling verleiht fahler, angegriffener Haut schnell wieder einen frischen, rosigen Teint (siehe =>Massage).

56 Massage

Eine Massage ist wunderbar entspannend für Muskeln und Nerven. Die Durchblutung wird angeregt, das Immunsystem gestärkt, Spannungen lösen sich. Danach fühlt man sich wohler in seiner Haut. Bei der Körpermassage mit ätherischen Ölen werden das komplette Gewebe, das Nerven- und Lymphdrüsensystem, der Kreislauf, der Hormonhaushalt

und natürlich die Muskeln angeregt. Dazu benutzt man verdünnte Substanzen:
Vermischen Sie 20 Tropfen des gewünschten Aromaöls (siehe => Aromatherapie) mit 50 ml eines Trägeröls, möglichst kaltgepresste Pflanzenöle, wie z.B. Oliven- oder Sonnenblumenöl.
Wenn Sie jemandem mit einer Relax-Behandlung eine Freude machen wollen, dann ist eine Massage genau das Richtige. Sanftes Kneten, Klopfen und Streichen sind sehr entspannend. Dazu sollte Ihr Partner auf festem Untergrund liegen. Ein paar kuschelige Handtücher auf dem Boden sind als Massagebank-Ersatz ideal.

- **Aufwärmphase:** Beginnen Sie, indem Sie den gesamten Körper leicht abstreichen. Die einzelnen Muskelpartien werden so auf die Massage vorbereitet.
- **Streichphase:** Wärmen Sie das Öl in Ihren Händen durch Reiben leicht an. Bei der Massage sollten Ihre Bewegungen rhythmisch und fließend sein. Achten Sie darauf, dass eine Hand immer den Körper berührt.
- **Massagephase:** Kneten und klopfen Sie die einzelnen Muskelpartien. Zuerst in Bauch- und dann in Rückenlage, zum Schluss streichen Sie Arme und Beine ab, immer Richtung Herz.
- **Ruhephase:** Beenden Sie Ihre Massage, indem Sie die Füße eine Weile halten, das soll den Körper erden.

57 Meditation

Gönnen Sie sich eine 20-minütige Hirnwäsche – am besten zweimal täglich. Wer meditiert, macht sein Hirn frei von Sorgen und negativen Gedanken. Sie werden sehen, wie klar Sie danach wieder denken können, wie aufnahme- und konzentrationsfähig Sie wieder sind.

Jeder kann meditieren: Stellen Sie sich einen Wecker oder eine Küchenuhr auf 20 Minuten. Achten Sie darauf, dass Sie nicht mit zu lautem Geklingel aus der Entspannung gerissen werden. Wählen Sie sich für Ihre Entspannungsübung ein Wort, das für Sie eine positive Assoziation hat, ein Wort, das Ihnen Ruhe, Frieden oder Liebe suggeriert. Jedes Wort, das Ihnen gut tut, funktioniert – solange es Sie nicht ablenkt. Setzen Sie sich ruhig hin, schließen Sie die Augen und entspannen Sie Ihre Muskelpartien. Atmen Sie ruhig und natürlich. Wiederholen Sie bei jedem Ausatmen still Ihr Entspannungswort.

Denken Sie an nichts Spezielles. Machen Sie sich auch keine Gedanken, wie gut Ihre Relaxübung klappt. Lassen Sie sich einfach gehen, und lassen Sie nicht zu, dass Ihre Gedanken abdriften. Wiederholen Sie Ihr Relax-Wort immer wieder. Wenn der Wecker klingelt, dürfen langsam Ihre alltäglichen Gedanken zurückkehren. Bleiben Sie aber noch eine Minute sitzen und stehen Sie erst dann vorsichtig auf.

58 Melisse

Klosterfrau Melissengeist – die türkis-blaue Packung mit der Nonne kennen wir alle. Die Nonne hieß Maria Clementine Martin und meldete 1826 zwecks Vertreibung ihres Kräuterelixiers ein eigenes Gewerbe an. Ihr Melissengeist sollte der gesamten Bevölkerung wohltun. Ihr Gewerbe boomte. Das Volk kaufte den Melissengeist allerdings hauptsächlich wegen des „Geistes“. Neben Melisse enthält das Tonikum nämlich 80% Alkohol!

Aber auch ohne den ist Melisse Stimmungsmacher und Sandmännchen zugleich.

Melisse beruhigt das Nervensystem und lindert damit alle Beschwerden, die mit Unruhezuständen in Zusammenhang stehen, wie z.B. Magen- und Darmprobleme. Von Blähungen über Übelkeit bis zu Verdauungsproblemen, aber auch PMS, Periodenbeschwerden, Migräne und sogar Herzprobleme und Hautentzündungen vermag die Melisse zu lindern.

Ausgleichend aufs Gemüt und konzentrationsstärkend ist auch ihr Duft (siehe =>Aromatherapie). 300 bis 600 mg Melisse in Kapselform beruhigen wunderbar, können aber auch leicht müde machen und die Fahrtüchtigkeit beeinträchtigen.

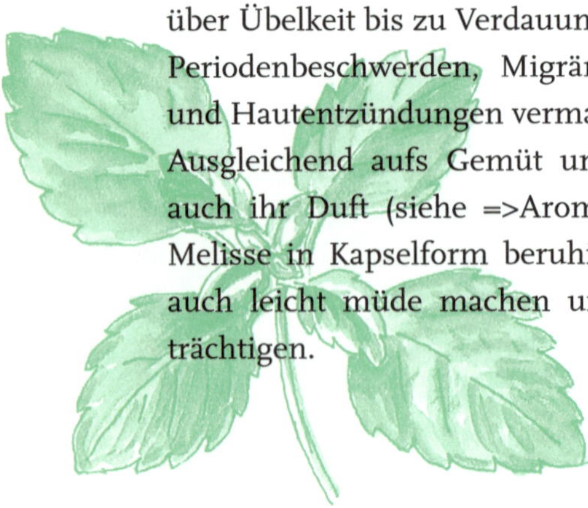

Bei nervlicher Belastung relaxt ein Tee: Zwei gehäufte Esslöffel der getrockneten Blätter vier Minuten in 1 l Wasser abkochen und morgens und abends jeweils eine Tasse davon trinken.

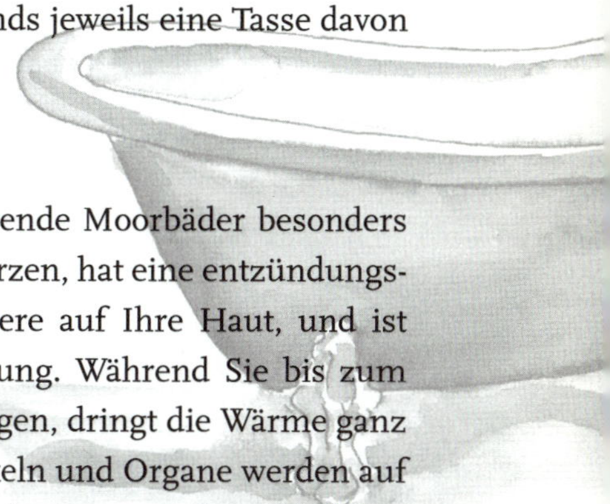

59 Moorbad

Rheumapatienten wissen wohltuende Moorbäder besonders zu schätzen. Moor lindert Schmerzen, hat eine entzündungshemmende Wirkung, insbesondere auf Ihre Haut, und ist eine herrliche Art der Entspannung. Während Sie bis zum Hals in schwarzer Moorsuppe liegen, dringt die Wärme ganz langsam in den Körper ein; Muskeln und Organe werden auf milde Weise erwärmt, und ganz langsam verfliegt jeglicher Druck. Nach dem Abduschen fühlen Sie sich wie neu geboren, relaxt, belebt und voller Tatendrang. Moorbäder kann Ihnen Ihr Arzt verschreiben.

60 Musik

Schmeichelnde Klänge können Gesundheit und Wohlbefinden lenken, den Blutdruck senken, Stress mindern und sogar Schmerz lindern. Harmonische, wohlklingende Melodien regen das Hirn an, das Hormon ACTH (Adrenocorticotropes Hormon) abzugeben, das die kontrollierte Produktion von Adrenalin lenkt. Während davon unter Stress große Mengen ins Blut gelangen, wird hier gerade die Menge ausgestoßen, die die Hirntätigkeit beruhigt. Wer sich beim Musikhören entspannt, setzt außerdem Endorphine frei, die das Wohlgefühl im Körper erzeugen. Musikliebhaber wissen, wie gut Musik tun kann. Musik beeinflusst die Seele und soll entspannend und harmonisierend auf den Körper und damit auf den ganzen Organismus wirken. Wer sich seiner Gefühlsebene bewusst ist, kann mit bestimmten Kompositionen seine Psyche positiv beeinflussen, ja regelrecht lenken.

Klassische Musik zum Relaxen:

- Mozarts Hornkonzert Nr. 3 Es-Dur KV 447
- Beethovens Romanze für Violine Nr. 2 F-Dur op. 50
- Debussys Clair de lune

Aufbauende und anregende klassische Musik:

- Dvoraks Serenade in E-Dur, op. 22
- Brahms Konzert für Violine und Orchester D-Dur op. 77

Für alle, die nicht so auf Klassik stehen:

- Loreena McKennitt, z.B. *The Book of Secrets* oder *The Mask and the Mirror.* Die anglo-irische Sängerin hat sich auf moderne Versionen uralter Keltischer Rhythmen und Klänge spezialisiert, kombiniert mit ethnischen Einflüssen aus Nordafrika und Spanien.
- Haris Alexiu, *Whispers.* Griechische Sängerin mit Kultstatus, singt bzw. flüstert wunderbare Balladen.
- Windham Hill´s *Smooth Jazz.* Easy listening Jazz für Kenner und unbedarfte Jazzliebhaber.
- Cafe Ibiza, *Chillout.* Sampler mit Sonnenuntergangs-Stimmung.

61 Nachrichten

Ich kaufe keine Zeitung,
lese auch im Monat keine einzige und fühle mich
dabei unbeschreiblich glücklicher.

Thomas Jefferson, 2. US-Präsident (1743-1826)

Aus eigener Erfahrung muss ich zugeben: Wer wirklich relaxen will, sollte mal eine nachrichtenfreie Zeit einlegen. Tageszeitungen, Nachrichten-Magazine und auch die Fernsehnachrichten erinnern uns sofort daran, was alles schief läuft, wie ungerecht und schlecht die Welt sein kann oder wie mies die Perspektiven sind – nicht gerade entspannend.
Jahrelang dachte ich, ohne die neuesten Nachrichten kann ich unmöglich auskommen; ich musste immer informiert sein. Aber dann war ich einmal für längere Zeit im Urlaub – ohne Radio und Fernseher und ohne aktuelle Zeitung. Zu Beginn war ich regelrecht auf Entzug und hatte Angst, etwas Wichtiges zu verpassen. Nach ein paar Tagen legte sich meine Panik, und ich habe mich wunderbar erholt. Manchmal tut es eben richtig gut, einmal nichts mitzukriegen.

62 Neinsagen

Den Schlüssel zum Erfolg kenne ich nicht,
aber der Schlüssel zu Misserfolg ist,
jeden zufriedenstellen zu wollen.
Bill Cosby

Ein eigentlich ganz simpler Relaxtipp ist das Neinsagen. Aber das ist für viele gar nicht so einfach! Eigentlich brauchen Sie nur dieses kleine Wörtchen, um einen ruhigen Abend nach einem harten Arbeitstag zu genießen, anstatt regelmäßig mit den Kollegen in einer Kneipe rumzuhängen. Auch wenn der Chef meint, das fördere den Zusammenhalt: Derartige Aktivitäten sind bestimmt nicht Bedingung Ihres Arbeitsvertrages. Eine Begründung für Ihr „Nein, nicht heute“ benötigen Sie nicht.

- Sagen Sie klar und deutlich „Nein". Wenn Sie ein unsicheres „Och nö" dahernuscheln, wird man Sie in Ihrer Meinung nicht für voll nehmen.
- Bleiben Sie höflich, wenn Sie eine Einladung absagen.
- Seien Sie ehrlich, wenn Sie etwas nicht machen wollen, weil Sie sich nicht kompetent dafür fühlen. Entweder bekommen Sie dann bei dieser Aufgabe Hilfestellung oder jemand anders muss sich damit quälen.
- Keine Entschuldigung. Für Ihr „Nein" brauchen Sie sich nicht zu rechtfertigen.

63 Nova Dreamer

Was man wirklich braucht, ist eine gute Nacht und vor allem schöne Träume. Die kommen einem tagsüber immer wieder in den Sinn – nur schade, dass man Träume nicht steuern kann! Oder doch?

Woher sonst als aus Amerika könnte so etwas wie der „Nova Dreamer" kommen, ein mit Sensoren ausgestattetes Gerät, das den Beginn von Traumphasen erkennt. Unterschwellig erhalten Sie ein Signal, das Sie über den Beginn des Traumes informiert. Ihnen wird bewusst, dass Sie gerade träumen – und genau in dem Moment beginnt Ihr Klartraum, den Sie jetzt steuern können. Sie sind jetzt aktiv beteiligt: Ob Sie fliegen, reisen oder erotische Abenteuer erleben wollen, bestimmen Sie selbst.

Das Gerät ist ein wunderbares Relaxgerät – allerdings auch ein teuerer Spaß: Um 800 DM (400 Euro) müssen Ihnen Ihre Träume schon wert sein.

64 Parties und Kneipen

Müssen Sie eigentlich jeden Kneipenbesuch und jede Party mitmachen? Ich hatte mal eine Zeit, da meinte ich, jede sich mir bietende Verabredung wahrnehmen zu müssen, mit dem Resultat, dass ich oft angespannt in Restaurants oder Kneipen saß und mich auf mein Sofa sehnte. Eigentlich hatte ich das ja vorher schon gewusst!

> ***Wenn wir nicht ständig versuchten, glücklich zu sein, hätten wir eine schöne Zeit.***
> **Edith Wharton**

Erkannt habe ich das jedoch erst, als ich nach einem vermeintlich fröhlichen Abend nach Hause kam und beim

Abschminken dicke Stirnfalten entdeckte, wie ich sie sonst nur in Stresssituationen bekomme. Schlagartig wurde mir klar: Dieser Lebensstil tut mir nicht gut. Seitdem selektiere ich sehr genau. Anstatt ständig auszugehen, gönne ich mir ruhige Abende, telefoniere mit einer guten Freundin oder gehe einfach früh ins Bett. Treffen plane ich genau, und zwar dann, wenn ich auch wirklich Zeit habe. Dann sehe ich der Verabredung auch mit großer Vorfreude entgegen. Treffen, bei denen man ständig auf die Uhr schaut, nerven nur, und vernünftige Gespräche kann man dann sowieso nicht führen. Über die Jahre ist mein Freundeskreis geschrumpft, übrig geblieben sind nur die, die ich wirklich schätze – und für diese Menschen habe ich Zeit.

65 Peace of Mind-Gumballs

Was entspannt mehr, als die Freude über das Lieblingsessen auf dem Teller und im Mund? Aber in Stresssituationen zum Daueresser zu werden, ist gar nicht gesund. Vergangene Stresszeiten können wir dann in Form von Fettpolstern an unseren Hüften ablesen. Die kalorienarme Variante sind Kaugummikügelchen mit Relax-Inhalt. Natürliche Minze kurbelt den Stoffwechsel der Haut an, und – noch viel wichtiger – der ebenfalls enthaltende Eukalyptus beruhigt die Nerven. Während des Kauvorgangs lockern Sie zudem die Muskulatur des Kiefers.

Die Peace of Mind-Gumballs gibt es in gutsortierten Parfümerien.

Popcorn

Popcorn relaxt! Das liegt nicht zuletzt an den Orten, wo man es bekommt, z.B. auf einer Kirmes oder im Kino. Die dritte Möglichkeit für Popcorngenuss ist Ihr Zuhause. Vergessen Sie verkohlte Topfböden von Ihren früheren Versuchen. Wenn Sie Popcorn ganz klassisch im Topf herstellen wollen, dann nur so:

Einen mittelgroßen Topf mit dünnem Boden bei mittlerer Hitze auf die Kochplatte stellen. Sobald der Topfboden richtig heiß wird, das Speiseöl dazugießen. Aber nur so viel, dass der Boden bedeckt ist! Nach etwa 1 Minute drei Maiskörner hinein werfen und den Topf zudecken. Jetzt warten Sie ruhig ab, bis es losgeht: Peng, peng, peng! Erst wenn alle drei aufgeplatzt sind, den Deckel abnehmen und den Topfboden mit etwa zwei Handvoll Maiskörnern bedecken. Den Deckel wieder aufsetzen und ab jetzt den Topf stetig, aber sanft über der Platte hin- und herschwenken: Bald kracht es – zunächst nur vereinzelt, bis sich dann im Topf Dutzende kleine Explosionen gleichzeitig ereignen. Den Topf immer weiter schwenken, so dass nichts anbrennen kann. Dann flaut das Knallen ab. Warten Sie nicht, bis es gänzlich aufhört, sonst sehen Sie nämlich schwarz! Den Topf von der Platte herunter nehmen, den Deckel abnehmen und den Inhalt – Ha! ein ganzer Topf voll!– in eine große Schüssel kippen. Jetzt können Sie im noch warmen Topf die Butter oder Margarine schmelzen und darüber gießen. Salz oder, wenn Sie es lieber süß haben, Zucker oder Vanillinzucker drauf, fertig. Wem das zu stressig ist, den wird die segensreiche Erfindung des Mikrowellenpopcorns glücklich machen.

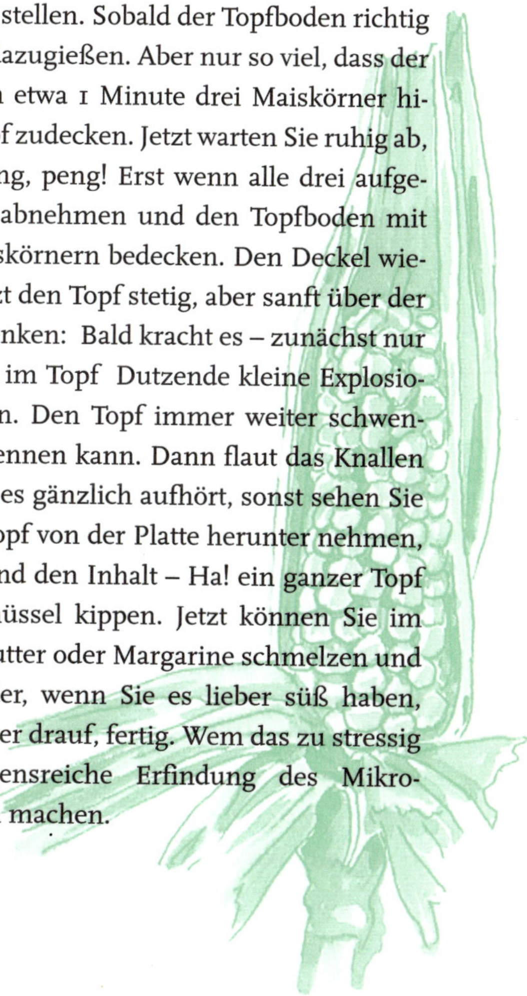

Progressive Muskelentspannung

Starkes Anspannen und plötzliches Entspannen – auf diesem Prinzip beruht die Muskelentspannung nach Jacobson. Allgemein verkrampfte Muskelpartien sind nach intensiver Anspannung lockerer als vorher. Das Schöne an diesen Übungen ist, dass Sie spüren, wie die Verkrampftheit aus Ihren Muskelpartien weicht. Körperliche Anspannung führt irgendwann zu seelischer und umgekehrt: Bei andauernder seelischer Anspannung zeigt eine Blockade irgendwo im Körper, dass irgendetwas klemmt.

Edmund Jacobson entwickelte Anfang des 19. Jh. einfache Relax-Übungen, die sich auf Muskelpartien des ganzen Körpers beziehen. Seine Trainingsmethode führt bei regelmäßiger Ausübung zu allgemeiner Ausgeglichenheit. Ich möchte Ihnen die Fußübungen Jacobsons vorstellen, mit denen Sie sich locker machen können. Sie sind besonders praktisch, weil sie überall auszuführen sind. Einmal richtig eingeübt, müssen Sie sich für die Übungen nicht mehr hinlegen, Sie relaxen dann auch in Schuhen und Strümpfen!

- Zehen krümmen: Legen Sie sich ohne Schuhe und Strümpfe rücklings auf den Boden. Spannen Sie jetzt die Zehen zur Faust. Falls die Zehen vor Anspannung zittern, ist das normal, doch schmerzen sollte es nicht. Die Anspannung vier Sekunden halten und dann abrupt lösen. Zwei Minuten lang sollten Sie dann entspannen und in sich hinein fühlen, wie der Druck entweicht. Wiederholen Sie nun die Übung einmal.
- Am Ende die Zehen ca. vier Sekunden lang so weit wie möglich spreizen. Dann abrupt entspannen und zwei Minuten locker lassen. Diesmal sollten Sie die nachlassende Anspannung bis zu den Knien spüren. Einmal wiederholen.

68 Rad fahren

Rad fahren bedeutet: Bewegung an frischer Luft, ohne die Knochen zu belasten. Genießen Sie die Weite, genießen Sie, wie Ihnen der Wind um die Nase weht. Rad fahren macht fit, und mit jedem Kilometer bringen Sie Ihren Kreislauf mehr auf Touren und trainieren Ihre Kondition.

Wer bei Wind und Wetter mit dem Rad unterwegs ist, stärkt außerdem sein Immunsystem. Tanken Sie unterwegs Sauerstoff (siehe => Atemtherapie)! Sauerstofftanken können Sie allerdings nur, wenn Sie die städtischen Abgase hinter sich lassen und über Land fahren.

69 Reiki

Reiki beruht auf dem Prinzip der Energieübertragung. Durch Handauflegen wird die berührte Person beruhigt oder aktiviert, Disharmonie im Körper wird auf diese Weise ausgeglichen. Bei Depressionen, Unruhe, Ängsten und Kraftlosigkeit gibt Reiki Energie zurück.

Beim Reiki gilt es, einige Regeln zu beachten. Vor einer Übung sollte man sich die Hände gewaschen und jeglichen Schmuck abgelegt haben, egal ob man bei sich selbst oder bei anderen als Handaufleger fungiert. Auch nach der Anwendung ist Händewaschen angesagt. Ein paar einfache Übungen zur Selbstanwendung:

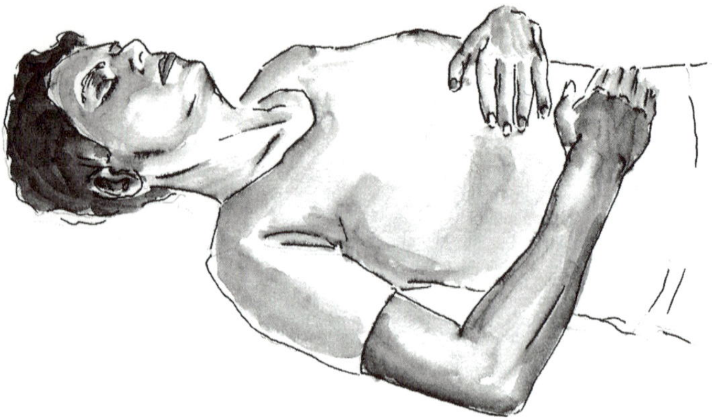

Wohlfühlübung:

Legen Sie sich flach auf den Rücken und positionieren Sie eine Hand auf dem Oberbauch. Die zweite Hand legen Sie direkt darunter, also auf den Bauch. Schließen Sie nun die Augen und entspannen Sie sich. Nach etwa 15 Minuten – die schneller vergehen, als Sie denken – werden Sie erholt und ausgeglichen sein.

Zum Stressabbau:

Legen Sie die Hände so auf Ihr Gesicht, dass die Fingerspitzen auf der Stirn und die Handballen auf dem Kinn liegen. Diese Übung hat eine entspannende Wirkung auf Stirn, Augen, Nase und Zähne. Drei Minuten halten.

Neue Lebensfreude:

Bedecken Sie beide Ohren mit Ihren Händflächen, so dass Sie mit den Fingerspitzen die Schläfen erreichen. Halten Sie diese Position etwa drei Minuten. Danach werden Sie sich viel positiver und dynamischer fühlen.

70 Relax-Drinks und -Shakes

Zimtmilch mit Honig:

Sie schmeckt herrlich und geht ganz einfach: Milch erhitzen, mit einer Prise Zimt und Honig abschmecken, in eine Decke kuscheln und langsam genießen.

Bananen-Milchshake mit Haferflocken und Sanddorn:

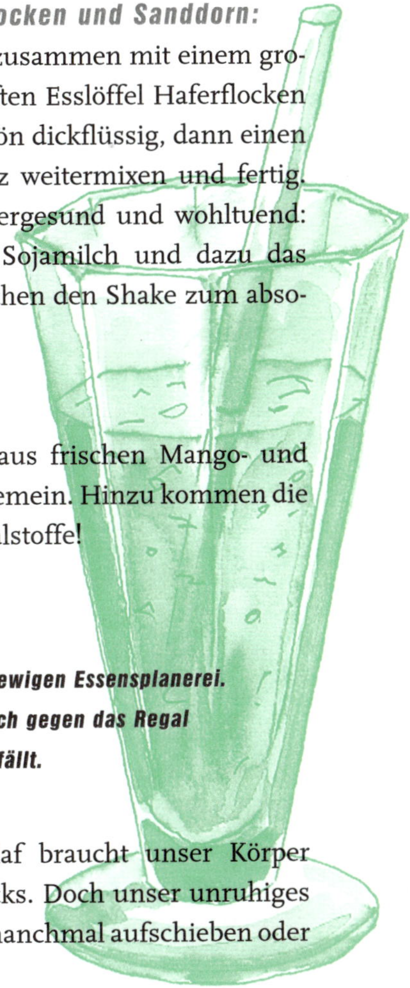

Eine reife Banane im Standmixer zusammen mit einem großen Glas Milch und einem gehäuften Esslöffel Haferflocken gut durchmixen. Ist die Masse schön dickflüssig, dann einen Teelöffel Sanddornmus dazu, kurz weitermixen und fertig. Der Shake ist süß, sättigend, supergesund und wohltuend: Das Serotonin aus Banane und Sojamilch und dazu das Acetylcholin der Haferflocken machen den Shake zum absoluten Glücklichmacher.

Mango-Papaya Shake:

Dieser im Mixer pürierte Shake aus frischen Mango- und Papayastücken hebt die Laune ungemein. Hinzu kommen die Farbe, der Geschmack und die Vitalstoffe!

71 Relax-Essen

> ***Ich habe die Nase voll von der ewigen Essensplanerei. Ich trete im Supermarkt nur noch gegen das Regal und nehme das mit, was runterfällt.***
>
> **Anonym**

Genauso wie regelmäßigen Schlaf braucht unser Körper regelmäßige Mahlzeiten und Snacks. Doch unser unruhiges Leben führt dazu, dass wir Essen manchmal aufschieben oder es gar vergessen, zu schnell essen, zu spät noch zuschlagen oder permanent essen – aus Nervosität und Frust. All das kann zu Verstopfung, einem unruhigen Magen oder Darm oder zu einem unangenehmen Völlegefühl führen, und das macht jede Stresssituation komplett.

Ein paar Regeln helfen:

- Essen Sie möglichst regelmäßig;
- Legen Sie kleine Zwischenmahlzeiten ein;
- Hungern Sie nie einem üppigen Abendessen entgegen;
- Essen Sie nie zu spät, am besten vor 18 Uhr;
- Planen Sie Ihre Mahlzeiten, kaufen Sie dementsprechend für die ganze Woche ein und kaufen Sie Dinge, die Sie genießen können;
- Gemüse, Obst, Vollkorn, Reis, Nudeln, Fisch, Samen, pflanzliche Öle und Geflügel sind gesunde Nervennahrung.

Wer ein stressiges Leben führt, kann mit der Relax-Diät dagegenhalten: Was Sie brauchen, ist eine beruhigende, ausgleichende und stimmungsaufhellende Ernährung, die nicht zu sehr anregt. Das heißt, koffeinhaltige Produkte wie Cola, Kaffee, schwarzer Tee oder Energy Drinks sollten Sie vermeiden, vor allem, wenn Sie wissen, dass Sie darauf stark reagieren. Macht Ihnen Koffein nicht soviel aus, erlauben Sie sich ein bis zwei Tassen pro Tag.
Auf Ihrem Speiseplan sollten hauptsächlich serotoninhaltige Produkte stehen, z.B.: Bananen, Ananas, Avocados, Tomaten, Feigen, Datteln und Walnüsse. Als Grundstock der Ernährung dienen Kohlenhydrate, die in folgenden Lebensmitteln enthalten sind: Vollkornbrot, Nudeln, Reis, Kartoffeln und Bohnen. Die nötigen Proteine liefern Ihnen Fisch, fettredu-

zierter Käse, Eier und Geflügel – und sparsam dosiert auch Fleisch.

Wer relaxt durch den Tag kommen will, sollte seinen Blutzuckerspiegel auf einem Level halten: Ca. alle zwei Stunden benötigt Ihr Körper eine kohlenhydratreiche Zwischenmahlzeit. Nach den folgenden zwei Tagen sind Sie gerüstet für eine turbulente Woche: Die speziell kombinierten Lebensmittel liefern Ihnen in optimaler Kombination Relax- und Wohlfühlstoffe. Die speichert der Körper, und Sie sind erst einmal stressresistent.

	Samstag	**Sonntag**
Frühstück	Müsli mit Milch und frischer Banane	Bagel mit kalorienreduziertem Frischkäse und Erdnussbutter
Zwischenmahlzeit	Vollkornbrötchen mit Honig	Banane
Mittagessen	Grüner Salat mit gegrilltem Lachsfilet	Folienkartoffel mit Sauercreme und Schnittlauch, dazu Ruccolasalat mit Öl und Essig
Zwischenmahlzeit	getrocknete Früchte und Nüsse	Dinkelbrötchen mit Hummus
Abendessen	Gegrillte Hähnchenbrust mit Kartoffeln, Brokkoli und grünen Bohnen	Schweinefilet mit grüner und roter Paprika, dazu gekochter Naturreis
Zwischenmahlzeit	Milchreis mit Zimt und Rosinen	Sorbet aus gefrorenen Banane

Relax-Steine

Steinen sagt man heilende Kräfte nach. Ihre positive Wirkung bezieht sich nicht nur auf körperliche Krankheiten, mit Edelsteinen sollen sich ebenso Gemütszustände beeinflussen lassen. Sie geben regelrechte Energieströme ab, die Sie aufbauen und beruhigen können. Egal, ob Sie Ihren Relax-Stein im Büro auf Ihrem Schreibtisch oder in Ihrem Wohnzimmer aufstellen oder ob Sie ihn in Miniaturform ständig bei sich

Relax-Steine	Wirkung	Wirkungsort
Amethyst	■ stabilisiert Körper und Geist	■ Blutdruck und Lymphgefäßsystem werden ausgeglichen
Basalt	■ wärmend und durchblutungsfördernd ■ lindert Menstruationsprobleme ■ reguliert die Hormonproduktion bei Männern und Frauen ■ luststeigernde Wirkung ■ macht mutig und stärkt das Durchhaltevermögen	■ Unterleibsbereich
Chalzedon	■ entspannend	■ Hals- und Nackenbereich ■ löst Stauungen des Lymphflusses ■ kurbelt den Stoffwechsel an

Citrin	■ stark entgiftend ■ stimmungshebend	■ Verdauungsorgane
Girasol	■ entgiftend und entsäuernd ■ leicht aphrodisierend	■ Muskulatur ■ Blut und Lymphflüssigkeit ■ Haut
Koralle	■ stabilisierend ■ blutbildend	■ Herz und Blutkreislauf
Malachit	■ macht aktiv und spornt an	■ Heilung und Entgiftung der Leber ■ festigt das Bindegewebe ■ beruhigt Magen oder Darm
Türkis	■ blockiert negative Gedanken	■ unterstützt Leber und Nieren ■ heilend bei Gicht und Rheuma

tragen. Das hört sich jetzt ziemlich esoterisch an, und eigentlich glaube ich nicht an solchen Zauber. Nichtsdestotrotz glaube ich ganz fest an meinen kleinen Bergkristall. Er ist ein Geschenk und gibt mir einfach ein gutes Gefühl, er macht mich ruhig und stark – das bilde ich mir jedenfalls ein, und das ist die Hauptsache.

Detaillierte Infos finden Sie im Internet unter:

www.rainbowsun.de

Relax-Vitalstoffe

73

Vitalstoff	Wirkung	Enthalten in
Kohlenhydrate	■ versorgen den Körper optimal ■ beruhigend ■ innere Ausgeglichenheit	■ Reis, Kartoffeln, Nudeln
B-Vitamine	■ machen munter ■ regen Hirntätigkeit an	■ Vollkorn- und Milchprodukte, Fleisch, grünes Gemüse
Vitamin B_6	■ Serotoninproduktion	■ rotes Fleisch, Fisch, Geflügel, Nüsse, Bananen, Vollkornprodukte, Gemüse und Müsli
Vitamin B_{12}	■ positive Stimmung ■ erzeugt Wohlgefühl ■ Dosis: 3 mg/Tag	■ Fleisch, Fisch, Milch, Käse, Molke, Eier, Leber, Bierhefe, Algen, Muscheln, Schalentiere ■ in Joghurt und Sauerkraut entsteht B_{12} durch den Gärungsprozess
Antioxidantien: Vitamin C, E Beta-Carotin und Selen	■ beruhigend	■ Obst und Gemüse beinhalten Vitamin C und Beta-Carotin ■ Olivenöl, Haferflocken, Fisch, Meeresfrüchte, Vollkornprodukte sorgen für Selen

Magnesium	■ viele Enzyme können ohne Magnesium nicht funktionieren ■ wirkt gegen Herzattacken und hohen Blutdruck ■ konzentrationsfördernd ■ hemmt Muskelkrämpfe ■ gegen Kopfschmerzen, Migräne	■ Kidney-Bohnen, grüne Bohnen, Soja-Produkte und Tofu, Brokkoli, Spinat, Haferflocken, Bananen, schwarze Johannisbeeren, Datteln, getrocknete Feigen, Mangos, Wassermelone, Mandeln, Cashewkerne und Haselnüsse, Shrimps
Kalzium	■ beruhigt die Nerven	■ Milchprodukte, grünes Gemüse, Schalentiere ■ Trinken Sie viel Mineralwasser
Zink	■ Serotoninproduktion ■ steigert Nerven- und Hirnfunktionen	■ Fleisch, Meerestiere, Innereien, Haferflocken, Linsen, Käse und Keime ■ Müsli mit Milch
Lecithin	■ nervenstärkend	■ Distelöl, Eier, Meerestiere und Haferflocken

74 Rosmarin

Warum trugen wohl alle griechischen Philosophen Rosmarinkränze? Weil die alten Griechen schon damals von der wachmachenden und vor allem von der stressvertreibenden Wirkung fürs Gehirn wussten. Genauso effektiv ist ein selbst gebrauter Tee: 25 g frischer Rosmarin in 1 l kochendem Wasser etwa 8-12 Minuten ziehen lassen und anschließend abgießen und nach Bedarf süßen. Über den Tag verteilt in drei bis vier Portionen langsam trinken.

75 Salbei

Was für die Griechen der Rosmarin war, war für die alten Römer Salbei. Sie wussten bereits, wie gut Salbei tun kann. Sie nannten die Pflanze aus diesem Grund *Salvia salvatrix*, was soviel heißt wie „heilende Pflanze“. Bei uns ist das Kraut etwas in Vergessenheit geraten. Salbei hilft bei Stress, Ermüdungserscheinungen, Depressionen, Prüfungsangst und Hormonstörungen. Drei Tassen Tee pro Tag reißen Sie aus jedem Stimmungstief: Einen gehäuften Esslöffel der frischen oder getrockneten Salbeiblätter mit 1/2 l kochendem Wasser übergießen und zehn Minuten ziehen lassen.

76
Sauna

Heiße Luft lässt die Nervenzellen nicht kalt. So lässt es sich z.B. wunderbar in der Sauna relaxen – anschließend ist man sogar oft etwas schläfrig. Allgemein wirkt das Saunieren aktivierend auf unser Immunsystem, auf Kreislauf und Stoffwechsel, als würden all unsere Körpermotoren generell überholt. Für die Sauna sollte man sich schon zwei bis drei Stunden Zeit nehmen, die einzelnen Saunagänge je nach Gefühl dosieren und dazwischen immer Ruhepausen einlegen.

77
Schlaf

Die Menge an Schlaf, die ein Mensch benötigt, sind ungefähr fünf Minuten mehr.
Max Kauffmann

Im Schlaf aktiviert das Immunsystem unsere Abwehrkräfte. Körperzellen werden repariert und unsere Hormonreserven aufgefüllt. Schlechter Schlaf macht anfällig und gereizt, denn der Körper konnte über Nacht nicht richtig regenerieren. Nur im Schlaf, wenn das Bewusstsein abgeschaltet ist, kann das Gehirn das am Tag Erlebte ordnen und verarbeiten.

Schlummertipps:

- Dunkelheit – die ersten Sonnenstrahlen kitzeln schnell wach.
- Regelmäßige Schlaf- und Aufstehzeiten.
- Abendliche Rituale: Ein heißes Bad, Eincremen oder ein Schlaftrunk, z.B. Zimtmilch mit Honig (siehe Seite 73).
- Lüften und kühl schlafen – bei 14-18 °C.
- Abendspaziergang.

- Einschlaftees aus Baldrian, Hopfen, Lavendel und Melisse.
- Sex wirkt besser als jede Schlaftablette. Die beim Sex freigesetzten Endorphine machen glücklich und entspannen – genauso wie die Hormone Oxytocin und Phenylethylamin.
- Kopfkissen aus speziellem Schaumstoff, die dem individuellen Körperdruck nachgeben. Der Körper kann so in natürlicher Stellung entspannen.

Das sollten Sie vermeiden:

- Kalte Füße: Dagegen helfen warme Socken oder ein Heizkissen.
- Elektrische Geräte: Elektrosmog stört den Schlaf.
- Spätes Essen: Mitten im Verdauungsprozess schläft der Körper schlecht ein.
- Lange Telefonate vorm Schlafengehen.
- Problemgespräche. Probleme vorm Schlafengehen aufschreiben und am nächsten Tag ansprechen.
- Sport kurbelt den Kreislauf an. Zwei Stunden vor dem

Schlafengehen sollte der Körper aber nicht mehr aufgeputscht werden.

- Viel Essen, viel Trinken und viel Rauchen am Abend.

Relaxen nach kurzen Nächten:

- In Bademantel oder Kuscheldecke gleich morgens raus an die frische Luft. 15 Minuten auf den Balkon oder in den Garten setzen. Tageslicht ist der beste Wachmacher, ein offenes Fenster tut es aber auch.
- Tagsüber immer mal wieder die Unterarme duschen – das macht frisch.
- Powernapping: Mit gespreizten Beinen an den Schreibtisch setzen, Kopf auf die Unterarme legen und so 10 - 20 Minuten schlafen. Vergessen Sie nicht, vorher den Wecker zu stellen.

78 Schmeichelei

Schmeichelei ist wie eine Zigarette, sie ist nur ungesund, wenn man dabei inhaliert.

Adlai Stevenson, Politiker (1961)

Nichts ist so entspannend und wohltuend wie ein paar schmeichelnde Worte, auch wenn man sie manchmal gar nicht verdient. Ein paar „Schmeicheleinheiten“ gehen runter wie Öl und lassen den ganzen Körper von innen her leuchten. Dieses Leuchten dauert noch an, wenn der Schmeichler längst den Raum verlassen hat.

Der Effekt eines Komplimentes ist dann am größten, wenn es unverhofft kommt. Doch wenn das eben nicht passiert, muss man nachhelfen. Bestimmte Gesprächsthemen schreien einfach nach Komplimenten. Schmeicheln Sie zuerst Ihrem Partner. Wenn Sie ganz besonders charmant zu ihm waren, bekommen Sie bestimmt später ein Kompliment zurück.

79 Schokolade

Nicht erst seitdem Juliette Binoche in dem Film „Chocolat" nach geheimnisvollen Rezepten unwiderstehliche Pralinen kredenzte, steht Schokolade für Mystik, Romantik und Verführung. Schokolade ist ein Aphrodisiakum, doch das ist längst nicht alles! Aus den südamerikanischen Kakaobohnen werden heute Schokolade und Kakao hergestellt. Für die Kakaoherstellung werden die Bohnen gemahlen, Zucker und Stärke hinzu gegeben und das Fett entzogen. Bei der Schokoladenproduktion bleibt das Fett enthalten. Der Kakaogehalt in Schokolade sollte mindestens 50% betragen, richtig gute Schokolade hat bis zu 70%.
Gönnen Sie sich ruhig etwas Schokolade – je dunkler und je mehr Kakaogehalt, desto besser, denn Schokolade setzt das Wohlfühl-Hormon Endorphin frei. Depressionen können so ganz schnell vertrieben werden. Herz- und Nierentätigkeit werden durch die enthaltenen Theobromine gefördert. Vor allem in dunkler Schokolade stecken Eisen, Magnesium, Proteine und Vitamin B – und leider mindestens 500 cal/ 100 g. Zu besonderen Gelegenheiten und in Extremsituationen muss man einfach darüber hinwegsehen!

80 Schönheitssalons

Schönheitsfarmen und Kosmetik-Institute sind eine wunderbar stressabbauende Angelegenheit. Viele Probleme lösen sich wie von selbst, während man entspannt und faul auf dem Behandlungstisch liegt. Streichelnde und eincremende Profihände sind nicht so schnell zu überbieten. Unter ein paar Augenkompressen im Wasserdampf dahindämmernd können Sie sich darauf freuen, dass der rosig strahlende Teint, mit dem Sie den Salon verlassen, noch ein paar Tage anhalten wird – und damit auch das gute Gefühl, dass Sie etwas für sich getan haben.
Ein Liste von Kosmetikinstituten in Ihrer Umgebung gibt es unter: *www.kosmetikinstitute.de.*

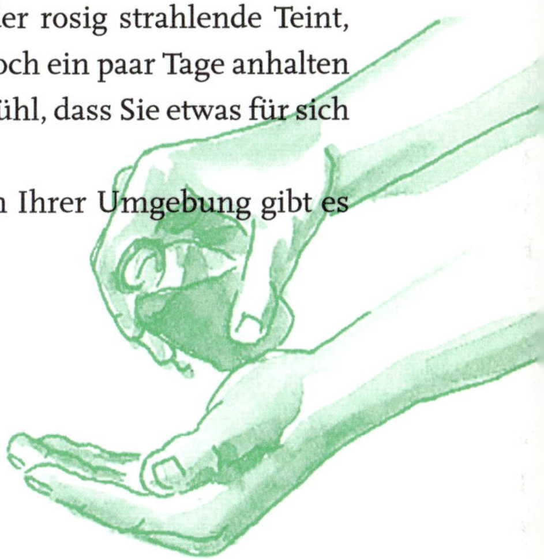

81 Schwimmen

Beim Schwimmen wird das komplette Muskelgewebe durchblutet und dabei werden Knochen und Gelenke geschont. Wer schwimmt, muss gegen den Widerstand des Wassers ankämpfen, kann aber gleichzeitig den Auftrieb des Wassers nutzen. Schon nach ein paar Bahnen kommt der Kreislauf in Schwung, Verspannungen lösen sich, Schwellungen gehen zurück, der Lymphfluss wird gestärkt, und man fühlt sich nach ein paar Bahnen richtig fit. Rückenschwimmen festigt die Bauchmuskulatur, Brustschwimmen unterstützt das Herzkranzsystem. Schwimmen stärkt ganz allgemein Ihr Körperbewusstsein.

Sonne

82

Ein Mann, der einen Sonnenuntergang beobachtet hat, kann sich nicht einfach umdrehen und einen Mord begehen.

Laurens van der Post, Forscher/Schriftsteller (1996)

Sonnenstrahlen haben eine positive Wirkung auf unsere Stimmungslage. Ein Sonnenbad entspannt und hinterlässt ein wunderbares Wohlgefühl – Wärme und Licht sorgen für Lebenslust und Energie. Sonnenstrahlen aktivieren die Atmung, fördern die Kreislauftätigkeit und unsere Leistungsfähigkeit. Chronische Schmerzen nehmen ab und depressive Stimmungen verfliegen genauso wie Heißhungerattacken auf Süßigkeiten. Bei Sonne produziert der Körper vermehrt Vitamin D, das stärkt die Knochen. Das komplette Immunsystem wird somit angekurbelt.

Wenn die Sonne scheint, fällt jede Arbeit leichter, selbst wenn wir drinnen sind und nur durch die Fensterscheibe ein paar

Strahlen abbekommen. Haben Sie ein schönes Foto vom Sommerurlaub mit viel Sonne, Sand und Meer oder mit einem Sonnenuntergang, dann platzieren Sie es an Ihrem Arbeitsplatz, denn: Schon von Sonne zu träumen entspannt.

83 Stille

„Silence is golden" besagt das englische Sprichwort – wer allerdings ein stressiges und turbulentes Leben führt, kann mit der goldenen Stille oft nicht umgehen. Wenn es Ihnen auch so geht, dann sollte das für Sie ein deutliches Warnsignal sein: Vielleicht nehmen Sie den Lärmpegel um sich herum gar nicht mehr wahr, obwohl er Sie belastet. Zu viel Lärm kann erschöpfen und deprimieren. Denn wer mit permanentem Lärm konfrontiert ist, wird zunehmend gereizt. Die Belastung äußert sich in Ärger und führt somit zu Stress.

> ***Regen Sie sich nicht auf, wenn Ihr Nachbar um zwei Uhr morgens die Stereoanlage auf volle Lautstärke dreht. Rufen Sie ihn um vier Uhr an und sagen Sie ihm, wie gut Ihnen die Musik gefallen hat.***
> **Anonym**

Stille ist lebenswichtig, denn sie beruhigt und entspannt. Bei Stille schläft man besser, doch das ist nicht der einzige gesundheitliche Pluspunkt. In stiller Umgebung kann man klarer denken, schneller und ausdauernder arbeiten.
Wie gut Stille tut, merkt man erst, wenn man sie richtig genießen kann. Wenn man zum Beispiel am ersten Urlaubsmorgen das Hotelfenster öffnet, und man hört nichts, außer einem krähenden Hahn vielleicht, und man weiß, der Urlaub fängt erst an ...

Menschen, die jemals Schweigetage eingelegt haben, schwärmen von der positiven und klärenden Wirkung auf den ganzen Körper. Aber um sich zu entspannen, muss man nicht gleich nach Tibet fahren. Stille finden Sie auch im Alltag:

- Wenn Sie eine turbulente laute Woche haben, dann fahren Sie am Wochenende aufs Land.
- Gehen Sie im Job nicht dann in die Pause, wenn Ihr ganzer Betrieb geht. Wenn eben möglich, ziehen Sie sich einfach eine Stunde vorher oder hinterher zurück – am besten in eine ruhige Ecke im Park oder in ein gemütliches Café.
- Um aufgezwungene Gespräche im Zug oder im Wartezimmer zu vermeiden, setzen Sie einfach die Kopfhörer Ihres Walkmans auf, auch wenn der nicht mal angeschaltet ist.
- Schalten Sie nicht sofort den Fernseher ein, wenn Sie von der Arbeit nach Hause kommen. Gönnen Sie sich mindestens 15 Minuten absolute Ruhe. Wenn das zu ungewohnt ist, dann probieren Sie es zunächst mit klassischer Musik, und lassen Sie die nach ein paar Tagen weg.

Es gibt nur wenige Menschen, die nicht interessanter werden,
wenn sie aufhören zu reden.
Mary Lowry

84 Streicheleinheiten

Streicheleinheiten sind das beste Rezept gegen Stress! Je mehr, desto besser, denn liebevoller Hautkontakt regt die Ausschüttung von Oxytocin an. Dieser Stoff sorgt dann im ganzen Körper für ein wohliges Gefühl von Zufriedenheit und Geborgenheit. Seien Sie selbst großzügig mit Streicheleinheiten.

85 Tai Chi

Langsame und graziöse Bewegungen sollen die Lebensenergie im Körper gleichmäßig fließen lassen. Tai Chi ist eine Art bewegte Meditation, die in China ein regelrechter Massen-Frühsport ist. Damit beugen die Chinesen dem Berufsstress vor, denn mit Tai Chi lassen sich Stressbeschwerden wunderbar abbauen. So einfach wie das Ganze aussieht, ist es allerdings nicht. Die einzelnen Bewegungsabläufe sollte schon ein Profi erklären, die Übungen können aber anschließend auch allein und zu jeder Tageszeit durchgeführt werden. Wer sich täglich 20 Minuten Zeit nimmt, verbessert Herz- und Lungenfunktion, fühlt sich ausgeglichen und gleichzeitig energiegeladen und schult seine Koordinationsfähigkeit.
Kurse werden überall angeboten. Hier eine hilfreiche Internet-Adresse: *www.tai-chi-zentrum.de*

86 Telefonieren

Zugegeben, das ist ein echter Frauen-Relaxtipp. Die wenigsten Männer können Telefonieren wirklich genießen – aber Sie sollen zum Entspannen ja auch eine Frau anrufen!

Bis du es, Schatz?
Ja, wer ist denn da?
Milton Berle, Komiker

Machen Sie bloß nicht den Fehler, Ihren Liebsten während der Arbeitszeit anzuklingeln, um ein belangloses Schwätzchen zu halten, nur um sich aufzubauen. Für ein paar liebe Worte rufen Sie lieber Ihre beste Freundin an. Ein fünfminütiges Schwätzchen über Kosmetik, Klamotten, Kollegen, gemeinsame Erlebnisse und Katastrophen hebt die Laune schlagartig.

87 Thymian

Thymian ist ein vielseitiges Heilkraut. Früher wurde es bei Pest und Cholera angewandt, heute gilt es in erster Linie als Husten- und Schnupfenmittel. Aber Thymian kann noch viel mehr: Er vertreibt trübe Gedanken, Reizbarkeit, niedrigen Blutdruck, Müdigkeit, Blähungen und Periodenschmerzen. Außerdem soll er intelligenz- und potenzfördernd sein. Seine optimale Wirkung entfaltet Thymian bei zwei Tassen Tee pro Tag: Ein Teelöffel frische oder getrocknete Blätter mit einer Tasse kochendem Wasser übergießen.

88

Time-Management

Wenn wir doch nur nicht mit so vielen Ärgernissen konfrontiert würden. Der cholerische Chef, die schwatzhafte Kollegin, der neugierige Nachbar, die drohende Steuererklärung – unser Leben könnte so friedlich sein, wenn man uns nur in Ruhe lassen würde! Wir müssen aber nicht alles an uns heranlassen.

So minimieren Sie Fremdeinflüsse:

- Schauen Sie im Fernsehprogramm nur, was Sie wirklich interessiert, lassen Sie sich nie einfach berieseln.
- Kaufen Sie nicht wahllos Zeitschriften, konzentrieren Sie sich auf eine Zeitung, die Sie regelmäßig lesen.
- Schalten Sie Ihr Handy nur in wichtigen Situationen an. Wozu haben Sie eine Mailbox? Sie entscheiden, wann Sie mit wem sprechen wollen. Und falls Sie zu Hause einen Anrufbeantworter haben, benutzen Sie ihn häufiger, um Anrufe auszuloten. Sie können sich immer noch später zurückmelden.

- Surfen Sie nur dann im Internet, wenn Sie Informationen benötigen oder Mails senden und erwarten.
- Egal worum es geht, fassen Sie sich kurz. Das geht auch, ohne unhöflich zu sein. Im Gegenteil, viele Menschen sind dankbar, wenn ein Gesprächspartner nicht ewig um den heißen Brei redet. Seien Sie konkret, nicht nur am Telefon.
- Planen Sie soweit wie möglich Ihren ganzen Tag, entweder gleich morgens früh oder schon am Abend vorher – und nutzen Sie Ihre persönliche Bestzeit. Es gibt nun mal Menschen, die morgens Höchstleistung bringen, andere sind abends besonders kreativ. Leben Sie nach Ihrem persönlichen Rhythmus.
- Planen Sie vor allen Dingen Ruhepausen für sich ein!

89 Toben

Wann haben sie zum letzten Mal ausgelassen getobt? Wenn Ihnen jetzt nur die letzte Klassenfahrt einfällt, dann herrscht bei Ihnen großer Nachholbedarf! Mit dem Fahrrad mitten durch Pfützen radeln, herumalbern, lachen, durch Blätterberge stampfen und dabei frische Luft tanken – das können Sie überall und jederzeit. Auf jeden Fall sind Stimmung und Immunsystem in Topform und Sie fühlen sich danach entspannt und gemütlich und können bestimmt abends Berge von Essen vertilgen – wie früher.

90 Urlaub

Urlaub machen ist natürlich einer der besten Wege, Stress zu reduzieren – je länger, desto besser, das ist klar! Genauso klar ist, dass wir uns häufige lange Urlaube nicht leisten können, weil der Chef und auch das Portemonnaie da nicht mitmachen. Aber kleine Auszeiten tun es zwischendurch auch.

Planen Sie am besten immer irgendeinen Wochenendtrip. Planen Sie, mit wem Sie reisen wollen und was Sie machen wollen, denn schon das Kataloge wälzen, Reiseführer lesen und letztendlich das Buchen von Hotel und einem schönen Restaurant vor Ort bringt Sie für Wochen im Voraus in Urlaubsstimmung. Allein durch die Vorfreude relaxen Sie schon. So eine Mini-Auszeit muss nicht weit weg oder exklusiv sein und tut auch ganz alleine gut. Verreisen Sie dann einfach mit einem guten Buch und einer Kamera. Die Hauptsache ist: Sie sind gedanklich fern von dem, was Sie im Alltag stresst.

91 Vanille

Was auf unserer Zunge mild und cremig schmeckt, wirkt auf unseren Körper und unser Gemüt sanft und wohltuend. Vanillepudding, Vanillekipferl, Vanilleeis – und schon fühlen wir uns geborgen. Wenn Sie diese Geborgenheit immer mit sich tragen wollen, dann ist ein Vanilleparfüm Ihr Relax-Duft. Weniger intensiv, aber trotzdem anhänglich im Duft sind Seifen, Dusch- und Badegels mit Vanillezusätzen. Der pudrig zarte Duft bleibt Ihnen bis zum Abend erhalten.

Mit Vanilleöl können Sie sich auch einen Badezusatz (siehe auch =>Baden) selbst mischen: Vier Tropfen davon mit drei

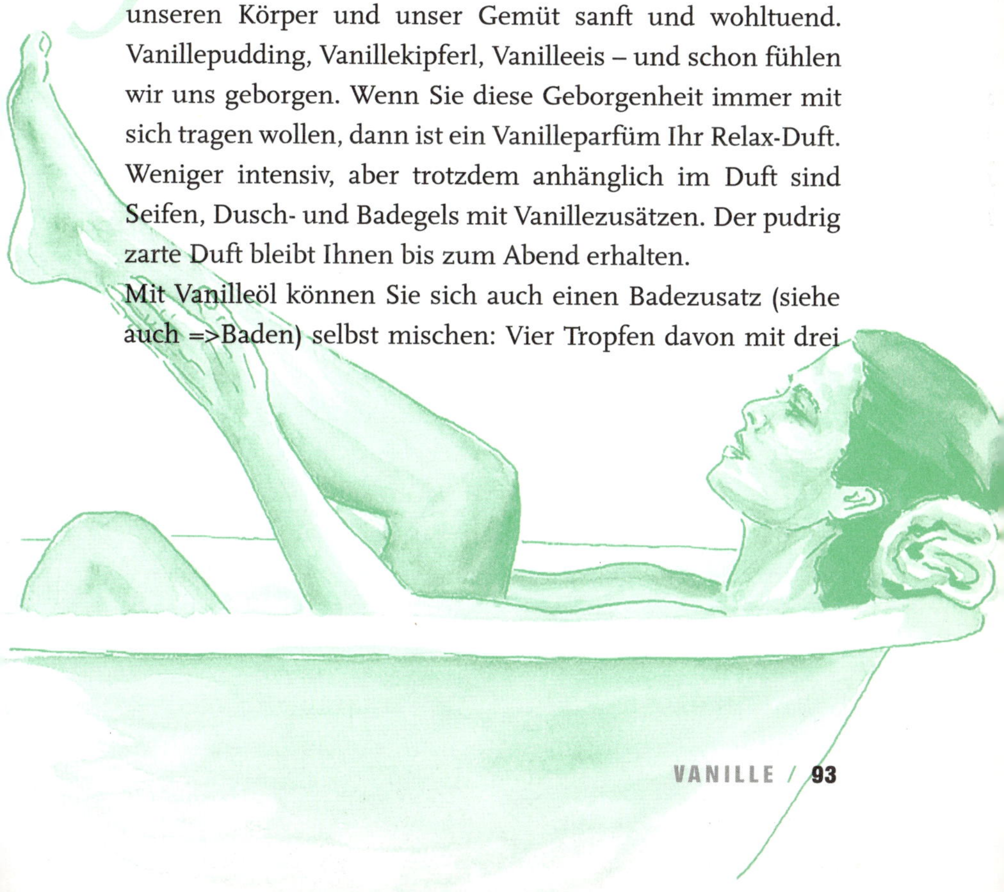

Esslöffeln Sahne in die Wanne geben. Wenn Sie beim Baden dann die Augen schließen, kommt es Ihnen vor, als entspannten sie gerade in Vanillepudding mit Schlag.
Ätherisches Vanilleöl kann auch schlaffördernd wirken. Das machen sich viele Hersteller von Nachtcremes zunutze. Durch die Körperwärme kann sich neben den Wirkstoffen der Creme der beruhigende Vanilleduft voll entfalten.

92 Walking

Als sie sechzig wurde, fing meine Großmutter mit Fünf-Meilen-Märschen an. Jetzt ist sie siebenundneunzig, und wir haben keine Ahnung, wo sie steckt.
Ellen DeGeneres, Komikerin

Ist Ihnen Spazierengehen zu langweilig und Joggen zu anstrengend? Sie wollen aber trotzdem raus, die Natur genießen und Sie wollen Kondition auf die sanfte Art? Dann wählen Sie Walking. Diese Sportart ist gesünder als Joggen, weil die Knie auf diese Weise nicht so belastet werden. Die Skelettmuskeln werden trainiert, ebenso die Ausdauer. Walking ist genau wie Jogging eine Ganzjahres-Sportart.
Wichtig ist, dass Sie auf Ihre Haltung achten. Gehen Sie nie gebeugt und nie zu steif, sondern ganz normal und aufrecht. Die Schultern bleiben locker. Spannen Sie die Gesäßmuskulatur an und ziehen Sie den Bauch ein. Machen Sie ganz normale Schritte, setzen Sie bei jedem Schritt mit der Ferse auf und rollen Sie den Fuß über die Zehen ab – das bringt den Spannungseffekt in den Beinen. Im Gehrhythmus werden die Arme parallel zum Körper mitgeschwungen – die Hände bilden eine lockere Faust.

93 Wassergymnastik

Wenn Yoga, Meditation oder Akupressur nichts für Sie sind, wenn Ihnen das zu langsam und zu passiv erscheint, dann probieren Sie es doch mal mit Wassergymnastik. Im Wasser zu sein beruhigt, egal ob Sie nun in einem See, in einer Therme oder in einem Freibad stehen. Wenn Sie als aktiver, sportlicher Mensch schon 30 Bahnen gezogen haben, dann ist Wassergymnastik für Sie der abschließende Relaxgang. Da Sie gegen den Widerstand des Wassers arbeiten müssen, spannen und entspannen Sie Ihre Muskelpartien und stärken sie gleichzeitig. Sie tun also auch noch etwas für Ihre Figur, wenn Sie folgende Übung nachmachen:

Suchen Sie sich einen Platz am Beckenrand, wo das Wasser etwa bis zu den Armen reicht und laufen Sie auf der Stelle. Ziehen Sie die Knie dabei richtig hoch und versuchen Sie anschließend, mit den Fersen den Po zu berühren. Stehen Sie jetzt mit dem Gesicht in Richtung Beckenrand, halten Sie sich mit beiden Armen fest und grätschen Sie ein Bein zur Wasseroberfläche hin. Das sollten Sie fünf Mal wiederholen, dann können Sie nicht mehr, und das andere Bein ist dran. Anschließend strecken Sie ein Bein nach hinten, nach fünfmaligem Dehnen kommt wieder das andere Bein dran. Zum Abschluss dürfen Sie sich zurücklehnen: Am Beckenrand festhalten, Rücken gerade halten, Beine in die Höhe und losradeln. Natürlich zum Teil unter Wasser.

15-20 Minuten Wassergymnastik bringen gute Laune und machen angenehm müde.

94 Wellnessuhr

Sie sieht aus wie eine ganz normale moderne Armbanduhr – doch die Uhrzeit ist bei ihr reine Nebensache. Hinter dem

Zeitmesser verbirgt sich ein Wellness-Stimulator. Und das Beste: Keiner sieht es! Kleine Akupunkturknöpfe, die durch das Armband ans Handgelenk gedrückt werden, provozieren die Ausschüttung von Endorphinen, und schon geht es uns wieder gut. Je nach Stresslevel kann aus drei verschiedenen Relax-Programmen ausgewählt werden. Die Uhr ist in unruhigen Zeiten Gold wert – und kostet auch fast so viel: etwa 400 DM (200 Euro).

95 Wutausbrüche

Unter bestimmten Umständen bringt Fluchen mehr Erleichterung als Beten.

Mark Twain

Frustration, Wut und Anspannung müssen raus. Wenn sich zu viel angesammelt hat, kann man erst nach einem richtigen Wutausbruch wieder relaxen. Es gibt Menschen, die lassen ihre Wut da, wo sie hingehört, und gehen unbelastet nach Hause. Viele Menschen müssen das erst lernen. Üben Sie zu Hause, am besten erstmal, wenn niemand in der Nähe ist. Ein effektives Hilfsmittel zum Üben ist ein Punching Ball, wie ihn Berufsboxer haben. Auf den können Sie dann beim Schreien zusätzlich eindreschen.

Ärger, den wir seit längerer Zeit verdrängen, macht uns Stress. Klärende Gespräche können die Spannung lösen. Oft sind solche Gespräche leider nicht möglich. In solchen Fällen schreiben Sie sich einfach Ihren Ärger vom Herzen! Egal, ob Sie mit jemandem reinen Tisch machen, ob Sie einfach eine unangenehme Situation zu Papier bringen oder ob Sie über negative Dinge des Lebens reflektieren: So konfrontieren Sie

sich mit Ihren Problemen. Indem Sie schreiben, räumen Sie mit Ihrem Leben auf und machen den Weg frei für einen Heilungsprozess, der automatisch zu Entspannung führt.
Sie können so möglicherweise mit der Sache abschließen – und dann die Briefe einfach wegwerfen.

96 Yoga

Harmonie zwischen Körper und Geist – das ist es, was die Bewegungstherapie aus Indien erreichen will. Entspannung steht hier zwar an erster Stelle, aber Yoga kann noch viel mehr: Wer regelmäßig und mit Ausdauer seine Übungen ausführt, bekommt bald eine elastische Figur und wunderschöne Haut. Außerdem lassen sich auf diese Weise Verspannungsbeschwerden lindern, der Körper ist im Gleichgewicht, und die positive Lebenseinstellung kommt ganz von selbst. Yogaübungen sind in erster Linie Dehnübungen, die durchaus anstrengen können. Yogaübungen fördern zudem die Konzentration, und genau die braucht man, wenn im Job Großkampftag angesagt ist.
Versuchen Sie, Ihre Übungen regelmäßig, zur gleichen Zeit und am gleichen Ort durchzuführen. Machen Sie es sich auf dem Fußboden bequem. Auch wenn es am Anfang noch sehr anstrengend ist, sollten Sie versuchen, gleichmäßig zu atmen.

Hier einige Grundpositionen:

- ***Stehend:***

Stellen Sie sich gerade hin, die Füße leicht auseinander und parallel, Wirbelsäule und Hals sollten gestreckt, der Kopf gerade, das Becken zu keiner Seite durchgedrückt sein. Schultern und Arme sind locker. Stellen Sie sich jetzt vor, Sie würden nach oben und nach unten wachsen, also leichten Druck ausüben. Jetzt sollten Sie im gestreckten Körper Spannung spüren.

- ***Liegend:***

Legen Sie sich auf eine Matte oder einen Teppich. Die Beine sind locker, etwas gegrätscht, die Füße leicht nach außen gedreht. Die Arme liegen parallel zum Körper, mit den Handflächen nach oben. Entspannen Sie Ihren Nacken, indem Sie ihn langsam zu beiden Seiten drehen. Schließen Sie anschließend die Augen, atmen Sie ruhig und tief und so lang wie möglich aus.

- ***Sitzend:***

Die bekannteste aller Yogaübungen ist der Lotussitz: Platzieren Sie den linken Fuß auf dem rechten Oberschenkel und den rechten Fuß auf dem linken Oberschenkel. Die Wirbelsäule muss gerade und gestreckt bleiben, während die Knie den Boden berühren. Beim Einatmen sollte sich der Bauch vorwölben, beim anschließenden Ausatmen geht der Bauch zurück.

- ***Yoga-Atmen:***

Am Arbeitsplatz ist eine Yoga-Atemübung dem Lotussitz sicher vorzuziehen: Halten Sie jeweils ein Nasenloch zu und atmen Sie durch das andere ein. Die Luft kurz anhalten, jetzt das Nasenloch zuhalten, durch das Sie gerade eingeatmet haben und durch das jetzt offene ausatmen. So tanken Sie zwischendurch Sauerstoff und pusten das Hirn durch – schon sind Sie wieder aufnahmefähig und frisch.
Noch eine informative Internet-Adresse: *www.yoga-freunde.de*

97 Zimt

Zimt ist mein Lieblingsgewürz und nicht nur in Weihnachtsgebäck ein Traum. Das Zimtaldehyd darin stimuliert die Produktion von Glückshormonen. Das ist auch bei der äußeren Zimtanwendung nicht anders: Allein der Duft von Zimtöl entspannt und hebt die Stimmung, als Bad oder Duschgel angewandt (siehe auch => Baden), kommt es einem so vor, als sei es Weihnachten.

Jeder hat wohl seine eigene Wohlfühl-Vision, wenn er an Zimt denkt. Von Apfelstrudel oder duftendem Bratapfel über

Omas Zimtsterne bis zu Glühwein. Besonders für die dunklen kühlen Herbst- und Wintermonate gibt es nichts besseres als Zimtgeruch in der Nase und Zimtgeschmack auf der Zunge. Probieren Sie mal eine Prise auf der geschäumten Milch Ihres Cappuccinos oder Kakaos. Zimt stimuliert, heizt dem Körper richtig ein und hat dazu antiseptische Wirkung. Er ist also auch bei Erkältungserscheinungen zu empfehlen. Bei kleinen Stimmungstiefs unterwegs wirkt Zimtkaugummi wahre Wunder. Für einen gemütlichen Nachmittag auf dem Sofa empfiehlt sich ein Yogitee. Diesem Tee ist Zimt zugesetzt, und es gibt ihn lose oder in Beutelform in Naturkostläden und Reformhäusern.

Mein persönlicher Zimtfavorit ist ein Cinnamon Bun, ein amerikanisches Hefeteilchen, gefüllt mit Zimtcreme und triefend vor Zuckerguss – so wie man sich ein amerikanisches Zimtteilchen halt vorstellt. Ich war dieser Leidenschaft so verfallen, dass ich unbedingt ein Stückchen aus Kalifornien mit nach Deutschland nehmen wollte. Dem britischen Zoll musste ich das beim Zwischenstop in London genau erklären.

Den klebrigen Zuckerklumpen bräuchte ich, um meinem deutschen Bäcker eine Vorlage zu liefern und um dieses Cinnamon Bun für schlechte Tage einzufrieren. Letzteres habe ich auch dann getan, doch das aufgetaute Backwerk war eine geschmackliche Enttäuschung. Vollkommenes Glück kann man eben nicht einfrieren! Seitdem kriegt jeder Kuchen, den ich backe, eine ordentliche Prise Zimt ab, und damit muss ich mich bis zu meinem nächsten USA-Urlaub zufriedengeben.
Auch Ihre Füße mögen Zimt, erst recht in Stiefeln, die ja zur Zeit „In“ sind. Egal, wie warm man sich läuft, Ihre Füße bleiben kühl und geruchsfrei, wenn Sie ihnen eine Einlegesohle mit desodorierendem Zimtöl gönnen.
Diese sind in den „Spinnrad“-Geschäften erhältlich. Es gibt sogar Zimtlatschen für zu Hause.

98 Zirkus

Ein Zirkusbesuch ist eine ganz besondere Art zu relaxen. Heutzutage ist immer einer irgendwo in der Nähe. Cirque du Soleil, Roncalli, Flic-Flac sind die verträumten Versionen und lassen einen richtig abtauchen. Ein ganz normaler Zirkus reicht aber auch – selbst ein ganz kleiner. Denn es kommt auf das Zelt, den Geruch von Sägespänen, Popcorn und Zuckerwatte, die bunten Scheinwerfer, das Knallen der Pferdepeitsche und das Hufeklappern an. Eine Zirkusvorstellung ist aufregend und fesselnd. Am Ende kommen wir glücklich, gelöst und frei aus dem Zelt heraus, als hätte uns einer der Clowns die Sorgen eines ganzen Monats abgenommen und uns einige weitere sorgenfreie Tage geschenkt.
Apropos Zirkus – eine gute Gelegenheit, Ihnen einen meiner Lieblingswitze zu erzählen:

Kommt ein Mann in eine Bar und bestellt ein Bier. Als der Barkeeper ihm das Bier bringt, merkt er, dass der Gast etwas merkwürdig riecht. Dem Gast ist nicht entgangen, dass der Barkeeper seinen Geruch bemerkt hat. „Ja“, sagt der Gast, „ich weiß, ich stinke furchtbar, aber ich kann nichts dagegen tun. Ich arbeite nämlich im Zirkus und reinige die Tierkäfige.“ Antwortet der Barkeeper: „Mensch, dann suchen Sie sich doch einen anderen Job! Am Ende der Straße ist eine neue Fabrik, die händeringend Leute sucht. Gehen Sie doch da hin.“ Schreit der Gast laut auf: „Was, ich soll das Showgeschäft aufgeben?“

99 Zucker

Jawohl! Zucker tut gut in Stresssituationen. Auf Seminaren sind die Plätzchenteller schon vor der ersten Gruppenübung leergefegt. Gummibärchen sind äußerst praktisch, weil man sie unauffällig und schnell vertilgen kann.

Zucker kann also so schlecht gar nicht sein. Für den jeweiligen Moment tut er gut und entspannt, denn er geht sofort ins Blut und kurbelt die Herstellung von Serotonin an. Sofort sind wir spürbar relaxter. Aber nur kurz, denn der Körper will Nachschub. Durch die Zuckerzufuhr wird die körpereigene Insulin-Produktion in Gang gesetzt, die Bauchspeicheldrüse läuft auf Hochtouren und will nicht sofort wieder stoppen. Entweder Sie legen Zucker nach, was zu einem üblen Teufelskreis werden kann, oder Sie essen von vornherein clever: Sie wollen das schnelle Glücksgefühl, aber auch ein andauerndes. Dann ist eine Kombination von Kohlenhydraten, die langsam ins Blut gehen, und Zucker ideal. Beide Stoffe in Kombination sind z.B. in Vollkornkuchen, Vollkornkeksen oder Obst enthalten. Wenn Sie unbedingt pures Zuckerzeug haben müssen, sollten Sie vorher oder hinterher Kohlenhydrate essen – so schlagen Sie Ihrem Körper ein Schnippchen: mehr Glück für weniger Zucker!

Zufriedenheit

100

Zufriedenheit ist zu einem negativ besetzten Begriff geworden. Medienleute sind zum großen Teil verantwortlich für diesen schlechten Ruf. Egal, ob im Fernsehen, Hörfunk oder in Zeitungen – die Macher vermitteln uns überall, dass Zufriedenheit zu Selbstgefälligkeit, Nachlässigkeit und Faulheit führt. Und damit beginnt das Problem. Denn wenn wir das Gefühl haben, wir sind selbstgefällig, nachlässig und faul, dann schämen wir uns. Und das macht uns unglücklich und unzufrieden. Schon seltsam, wie Zufriedenheit letztendlich zu Unzufriedenheit führen kann. Das ist wohl ein Paradox unseres modernen Lebens. Andererseits hat Mick Jagger schon 1966 einen immer noch populären Song geschrieben, indem er sich beklagt: „I can't get no satisfaction." Satisfaction – also Zufriedenheit – scheint auch für überaus wohlhabende und erfolgreiche Menschen von nicht geringem Wert zu sein. Deswegen mein Rat:
Wenn Sie sich selbstgefällig vorkommen und Sie das relaxt, dann machen Sie ruhig weiter so.

Register

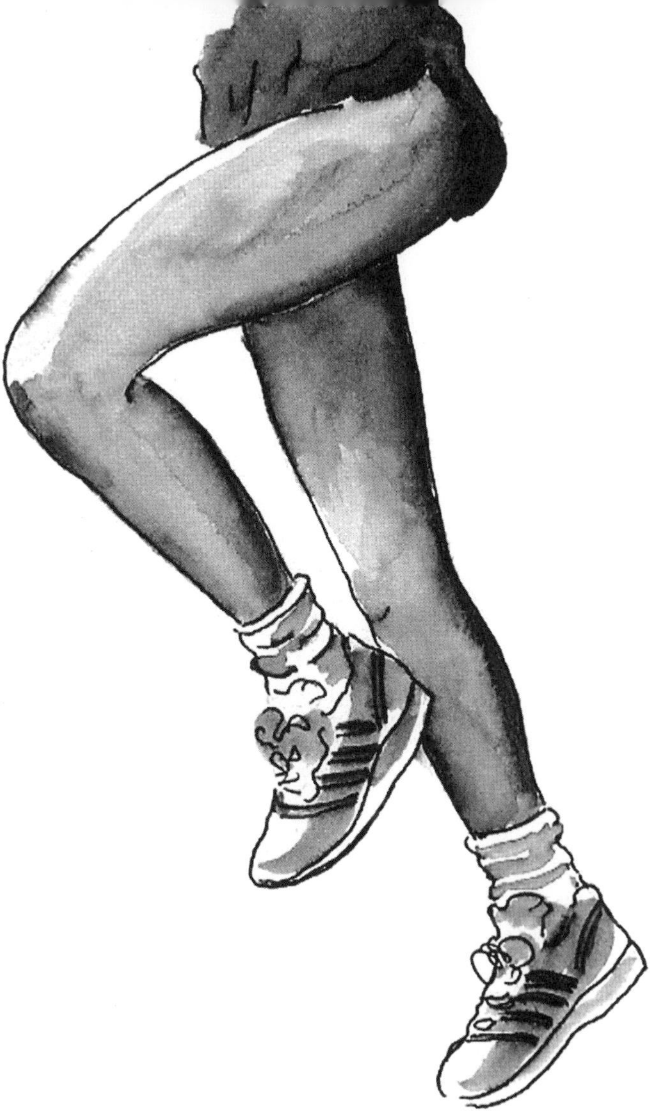

Anja Ellermann

100 schnelle Fett-weg Ideen

Abnehmtricks von A bis Z

112 Seiten

ISBN 3-8025-1448-3

100 kleine Diättipps,

an die niemand denkt -- schnell und effizient!

Schlank sein ist schön, aber nicht um jeden Preis.

Jeder träumt davon:
Schlemmen ohne schlechtes Gewissen.
Mit diesen 100 kleinen Tricks und Tipps können Sie Ihr Idealgewicht ganz einfach halten und auch schnell mal ein paar Pfunde purzeln lassen. Denn sie funktionieren, sind gesund und dazu noch ganz einfach in einen normalen Tagesablauf zu integrieren.
Natürlich schlank werden und schlank bleiben – ohne wochenlange Qual und ständiges ungesundes Hungern. Die RTL II-Moderatorin Anja Ellermann macht es Ihnen vor. Machen Sie mit!

Anja Ellermann

Der Detox-Plan

Das neue Energie-Programm für Körper und Seele

96 Seiten

ISBN 3-8025-1453-X

Sie fühlen sich abgespannt, müde, gestresst und kraftlos, ohne wirklich krank zu sein? Hier hilft der Detoxplan!

Der Detoxplan ist ein Energie-Gewinnungsplan, der eine komplette Grundreinigung des Körpers leistet – ganzheitlich, stufenweise und mit geringen Mitteln.

Wählen Sie aus einem reichhaltigen Angebot nach Ihren persönlichen Bedürfnissen aus: Egal, ob Sie Power für eine anstrengende Woche tanken möchten oder innere Ruhe suchen, um sich für eine besondere seelische Beanspruchung zu wappnen – der Detoxplan hat genau das Richtige für Sie.

Der Detoxplan gibt Ihnen ein ganz neues Körperbewusstsein, neue Energie und geistige Klarheit.

vgs verlagsgesellschaft, Köln
www.vgs.de